Mulo 喜歡蘋果，
Azure 喜歡草莓，
小湛我喜歡辣椒！
還是有
各自的喜好啦。

所有人都可以分成肉身、潛意識（覺知）和靈魂三個層次，以我的情況來說，小湛＝肉身、Azure＝潛意識、Mulo＝靈魂。雖然是一體的，但我們還是各有各的喜好喔！

個人脈輪：「太陽神經叢、喉輪」我是個人，我要發聲、表明立場。
我要說給別人聽，從個人來到人際議題。
群眾脈輪：「眉心輪、臍輪」用智慧解決關係中的問題。

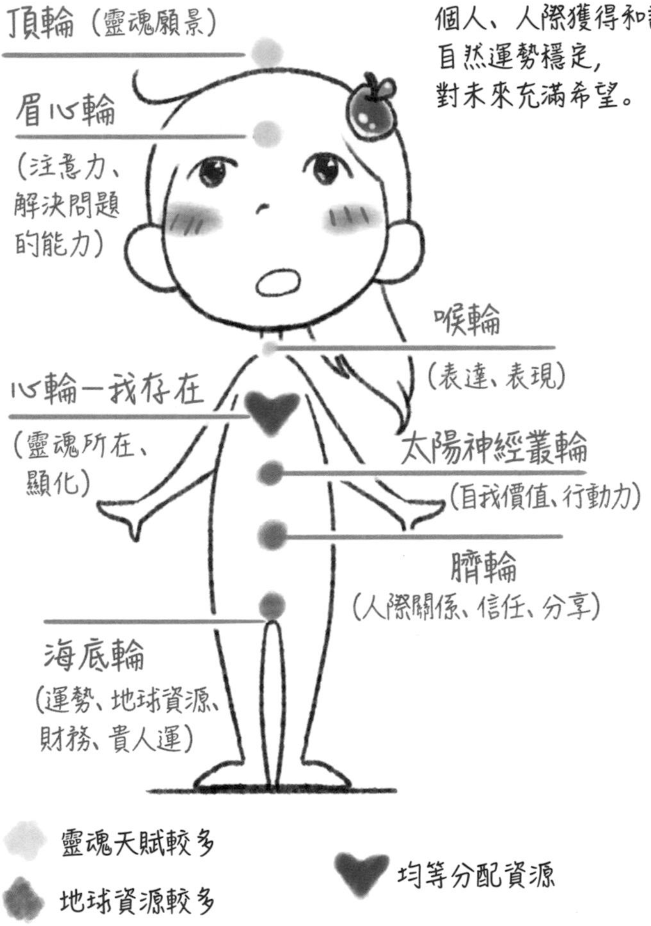

體內能量的順暢運作，就從照顧自己的身體和情緒開始。我們身上的七大脈輪有各自相對應的生活議題。能量是由「心」出發，持續關照身心，從個人脈輪累積力量、延伸至群眾脈輪，最後來到天地平衡，全身能量場的循環自然健全。

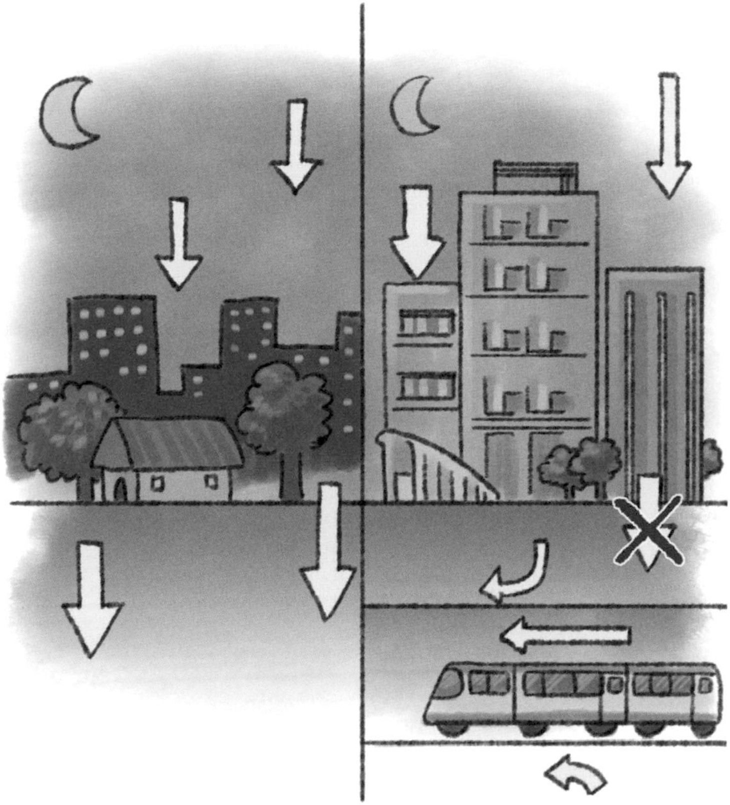

氣脈是大自然的壓力沉澱濾網，
當地下交通攜帶大量乘客來往，
也就擾亂氣脈的沉澱能力，
使地表居民情緒不穩，也容易睡不安穩。
太多人的情緒累積在小空間內，
也會超過氣脈負載。

我把地球的能量稱為「氣脈」，氣脈的變動會影響我們的身心狀態。身體虛弱的人，建議居住環境的土地之下不要有交通工具。當土地的結構越完整，住在上面的人，身心才會更安穩。

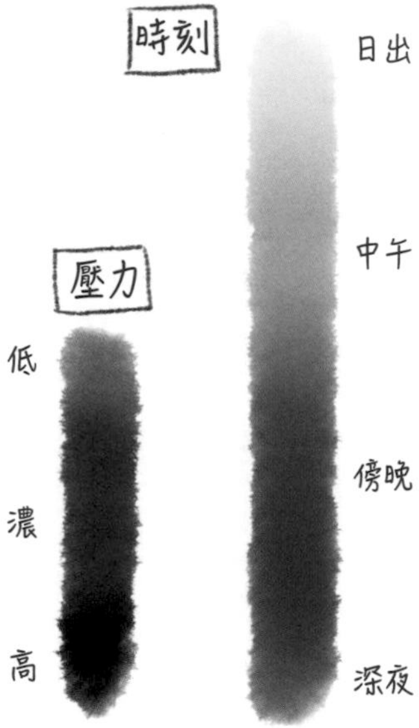
時刻
日出
中午
傍晚
深夜
壓力
低
濃
高

氣脈的色彩會隨不同時段變化，右邊是氣脈色彩一整天的變化。由於陽光能為所照射之處進行充電，所以清晨的氣脈充滿生命力和正能量，這時很適合做耗腦的工作或者進行重大決策。過了中午之後，氣脈逐漸往下沉澱，也會參雜白天眾生們的情緒，混雜著生命的綠色與疲累的灰濁色。灰濁色的多寡，要看當地眾生的密集度和精神勞累度。而失去太陽金色能量的地球氣脈，會褪回原本的藍色。我們也最好在子時（晚上十一點～凌晨一點）前入睡，才能讓氣脈能量轉化掉身體累積的壓力。如果能順著一整天的氣脈變化來安排作息，會更事半功倍，使身體氣血流暢。

左邊則是承載不同程度壓力的地氣顏色。藍色是地氣本來的顏色，紅色和黑色則代表阻塞的地氣，通常與時代議題有關。（更詳細的解說請參考第五章。）

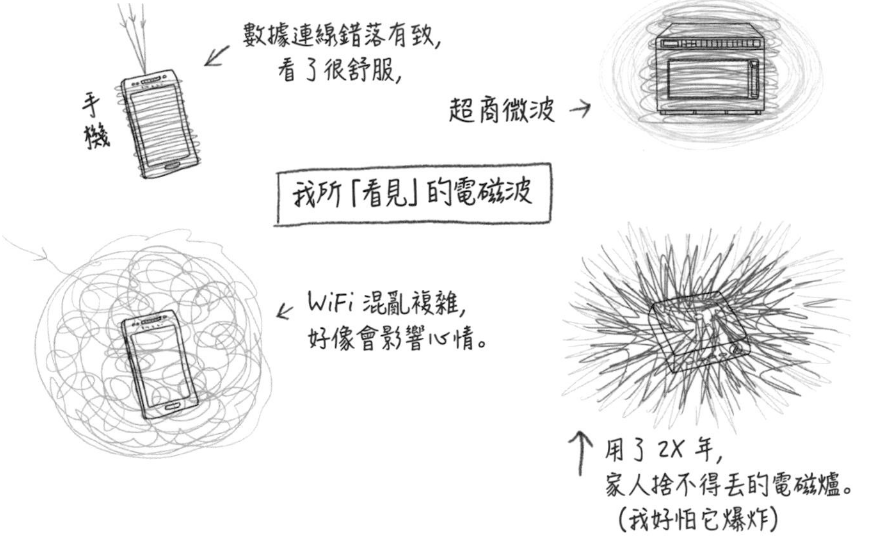
數據連線錯落有致，
看了很舒服，
手機
超商微波
我所「看見」的電磁波
WiFi 混亂複雜，
好像會影響心情。
用了 2X 年，
家人捨不得丟的電磁爐。
（我好怕它爆炸）

氣脈是能量，電磁波也是一種能量，所以在我的眼中各自有著不同顏色和形狀。

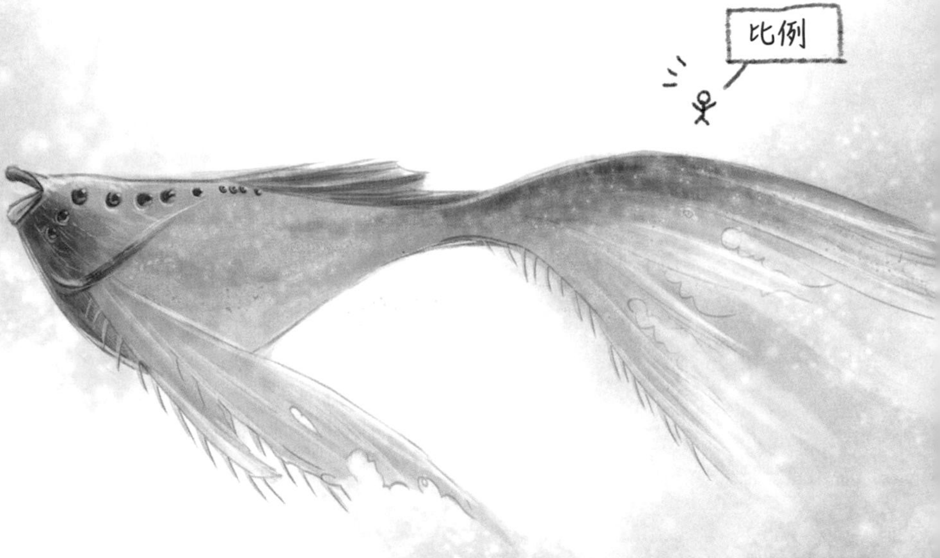

深層氣脈中的氣脈魚，
會在滿月時往上浮，吃靠近地表的眾生。
龍族說祂們很兇、很大隻，不好惹。
人很髒，祂們不吃的。

地底下的氣脈也有靈界的生態，例如氣脈魚，是生活在深層氣脈中的中大型精靈，滿月時會往上浮，偶爾能驚鴻一瞥。地球上常見的靈界眾生，主要分成「精靈」（陽性眾生）和「精怪」（陰性眾生）兩大類。精靈已經跳脫了生物性的思維限制，能量上相對輕盈，多半以純淨的地脈能量為食；精怪則是保有生物的野性，會有囤積環境周遭能量的習性，能量上比較雜亂。精怪若以人類的情緒壓力為食，就會跟人類學壞，反過來欺負人類。

我們生活周遭常見的精靈們。地基主是個籠統的別稱，有分許多種類。若是這種綠色型的無害精靈，就喜歡待在冰箱、冷氣機、電視等大型電器的旁邊吸收能量，由於祂們有強烈的領域性，所以會趕跑侵入家裡的外來眾生，對人類有好處。

房屋精靈則是房屋的意識體，身上的裝扮跟房屋的外觀有關聯，例如插著天線、穿著磁磚、配戴花草，祂們都很愛美也愛聊天，並透過學習人類的生活來建立自我價值，基本上對人類沒有什麼影響。

店鋪精靈是由店主的靈魂在靈界發傳單招募來的約聘員工，負責管理店面空間的能量秩序、趕走精怪，也會招呼客人上門，甚至主動推銷好東西！不過網路商店就沒有店鋪精靈了，必須完全依靠店主靈魂招攬的生意能力。

植物是由「多種意識」組成的「集體意識」，
根、莖、葉、花、果等等，
被摘取後都可以「獨立」成一個精靈。

臺灣常見的精靈，多數是植物精靈，祂們可能是習慣陽光能量的植物意識，或者是已經死亡的植物，其意識可以脫離本體四處移動。由於植物沒有痛覺，加上本身就處於「萬物一體」的概念中，能夠理解生命都需要進食，所以當植物精靈遇到人類的修剪摘採，只要人類不是懷抱惡意，精靈就不會對人產生怨氣，沒有怨氣也不會有業力掛鉤。

精怪阿福住在我老家附近的宮廟。我們對彼此體型的變化，有不一樣的認知，正好解釋靈界的特殊現象——看待對方，是用「比較性的」。能量強壯的眾生，會被解讀為體型龐大、健壯、陽剛。因此當三年後我的能量變強了，從阿福角度來看，會認為祂本身沒有變，是我「長大了」；但是以我主觀來說，我也不覺得自己有變化，是阿福「變小了」。

AZURE MULO

全面理解靈界生態
同步保護並健全自己的能量
讓身心再進化

靈界運作

小湛 著

目錄

前言

我們為何要接觸靈性，接觸靈界？

嗨，我是小湛。二十六歲才發現，原來我一直看得到祂們，不是我「想像力豐富」。於是在我的靈魂Mulo的引導下，開始了近十年的靈界探索。

我的靈魂Mulo，把我這一生的靈通頻道開得很廣闊，我能夠與動植物、礦石等萬物對話；可以看到人們周遭的能量場，與靈魂溝通，得知人生藍圖與業力、緣分之間的能量，並能夠感知地球氣脈與人類運勢的關係。我也能看到電磁波，甚至wifi的軌跡。我亦保有我前世的記憶，和靈魂的記憶。

靈通不代表我的人格變身為超人，靈通就像是水電工具組，使我看到靈界的生態與秩序，像是擁有顯微鏡和放大鏡，以此理解世界的其他樣貌。這本書，記錄了我從二〇一二年至二〇二二年對靈界的觀察。焦點放在介紹地球靈界的生態，先理解與我們的生活最息息相關的層面。

這十年來，Mulo帶著我討論各種靈異現象的發生，人心與祂們的關聯。我亦想知道其他人如何運用通靈的能力，因此四處上課，大量閱讀新時代的書籍和網路資訊，卻發現，人們因為不同派系所看到的靈界，變成另一種身心靈大學——要求進修，要提升振動頻率，要背誦各種經文，要前往更好的境界……像是無止境地追求，卻無法安撫當下我的身心。那麼多的團體想得到福報，渴望解脫，卻又充滿鬥爭，人與人在網路相互攻擊，善意的靈和惡意的靈也混在其中。或許身心靈的廣告都描述得美好無憂，我看見的靈界卻沒有那麼簡單。

我們為何要接觸靈性，接觸靈界？難道不是希望自己可以更放鬆，更自由？為什麼反而變成陷入另一種名利和目標的枷鎖？為何要把人和眾生分級別？為什麼還有善惡對決？現有的資訊已經沒辦法解釋我所感受到的靈界。

別人無法回答我的問題，我用我的人生、我的經歷，我的觀察找出答案。人類其實與祂們生活密切，我們的情緒，我們的感知，甚至我們的思維之海，都與祂們的生活圈交會。我希望能夠減少人類對靈界的過度敬畏，過度恐懼，包含過度的不信任。

祂們與我們一樣具有豐富的情緒和智力。若是能夠理解靈界眾生的行為模式，即可避免衝突與冒犯，以及能夠擁有保護自己的能力。我希望這本書能夠帶給大眾更開闊的視野，重新認識另一個世界的存在。

地球的靈界像是另外一種亞馬遜叢林，有掠食者，有分解者與寄生者，當然亦有具智慧的、位於樹冠層頂端的觀察者們。無論與祂們之中的誰互動，確實都是靈魂的安排。差別在於，你的靈魂是否對祂們足夠了解。如果是好奇而無防備的狀態，就像赤身裸露地進入叢林，沒有意識到蚊蟲、吸血蛭、尖牙利齒的動物，以及蔓延的瘴氣帶來的風險。是的，靈界叢林很美，如此生態豐富，如果你別無所求，只是欣賞和觀望，侵略性的祂們也動不了你分寸。耐心觀察，便是我們的安全界線。

身為人類，所有療癒的答案都在我們的身體，無論是探索靈界的安全性，保護自己的方式，精神層次的成長——最後，都是回歸身體層次，使精神力量集中，與內在分裂的部分整合。我會在本書中，提醒各位靈界危險的因素，在靈界保護自己的方式，以及如何藉由靈界能量運作的循環讓自己變得更穩定。

宇宙，早就把療傷的知識帶來人世間，引導人們認識情緒，接納情緒，以及思考社會結構帶來的身心失衡現象，促使我們反思人、身體和心靈的狀態。如果有機會，我們甚至能在探索個人的過程，意識到靈魂的創傷——那是關於「我為何要成為人類」、「我對自己的期許」，以及關於「我存在」的深刻歷練。這是只有你自己才會知道的答案。

而真正具有洞見，慈悲而強大的存有，祂們不會搶了你人生的鋒頭，祂們會在樹冠層默默守候，讓你成為你人生的主角，尊重你的身體也尊重你的心靈，無論你是何種狀態，祂們都會愛你。

靈界是更成熟的精神層次世界，或許顯得飄渺無邊際，甚至門口顯得混亂紛爭，然而懂路的人會看見，其實這段路途充滿秩序與智慧的指引。不管你是否通靈或敏感體質，認識靈界將會為你的人生帶來正面的效益。無論如何，都歡迎你來到這個時代，我們有幸在書上相遇，這將是多重世界銜接的起點。

CHAPTER

1

人類層次：我是小湛

自顧不暇的過往

我從小就能夠看見祂們，尤其在我心情低落的時候，天花板、地板，牆壁會飄來螢綠色的眾生。當電視播映鬼怪節目，祂們也從螢幕裡面飄出來，在空氣中穿梭著，尋找能看見祂們的人。只要我和祂們對上眼，祂們就會爬到我的身上，拉扯我的頭髮，捏痛我的皮膚。

祂們長相怪異，充滿水溝的腐臭味。大部分都很小，巴掌大，偶爾也會出現比較高大的存有，不一定會理我。通常騷擾我的，都是惹人厭煩的嬌小型生物，甩都甩不掉。我沒意識到祂們是「鬼」，因為和電視上演的「鬼」並不一樣。祂們大部分都半人半獸，半透明，不被重力干擾，沿著牆壁和天花板移動、也能穿透過去，隨意變形，像是煙，沒有「立體感」。

祂們知道人心最脆弱的地方。在家裡，我是長女，父母親為了拚男孩，生了五個孩子。孩子多，家事也多，經濟壓力也大。父母忙於工作，脾氣控管不佳，而我是「姊姊」，不能「自私」，要以照顧他人為優先。我幾乎負責所有的家事。弟弟妹妹做錯的事情都算到我一份，因為我沒有做到一個「好榜樣」。

我總是感覺到壓抑、憤怒與悲傷。父母說，外面的人都是要騙我的，世界上沒有真正的朋友。不要把家裡的事情講出去，被打是丟臉的事，講了別人會更看不起我。於是我錯過呼救的機會，我不敢交朋友，不敢和外人說話。在校時，我甚至被當作自閉兒。很長的時間，我都希望我能在睡夢中死去，隔天醒來都大失所望。

當非常難過與寂寞的時候，我渴望有人陪伴，也只有祂們會回應我。祂們會慫恿我碰觸瓦斯爐上的熱水壺，要我把手指頭放到工作檯的鉸鏈上，甚至要我破壞爸媽的東西，鼓勵我「這樣做很好玩」。父母打我的時候，祂們也會在旁邊嘲笑我，笑我哭得很醜，笑我沒有用……重複模仿父母的態度，讓我更難過。

我曾經被騷擾到沒辦法專心寫作業，我努力地想要擺脫祂們，像是亂跳和甩動，卻被當作「裝神弄鬼」、「假裝要引起大人的注意力」、「想像力太豐富分不清楚現實」、「電視看太多了」……我嘗試解釋，我真的不是故意的，旁邊真的有其他「人」在弄我。父母氣憤地罵我說，這個世界上沒有鬼，鬼都是假的，要我乖乖寫作業，如果我沒辦法專心，都是我的問題，還會狠打我一頓，他們認為小孩越打會越乖。久而久之，我對父母親失望透頂。無論我發生什麼事情，遇到什麼，我都不想講了。

後來，我實在太憤怒也太委屈，發現強大的「憤怒」可以驅散祂們。我決定忽視祂們、不理會祂們，把自己封閉起來。當祂們發現我毫無反應，也對我沒興趣了。

童年經歷的事情實在太痛苦。我重複告訴自己趕快忘掉不愉快的事情，什麼都不要感覺。而我還真的忘掉了。成年後，我只隱隱約約記得，我是個想像力很豐富的人，我的鬼故事看太多了，我成長中所感受到的虛幻影子，全都是我的想像，不是真的。

身心靈的前輩

我從小有嚴重的手汗腳汗，家族內只有我如此。多汗症讓做事不順，我更懼怕團體活動，不敢牽手，怕別人討厭我。而我也習慣一個人了，大家都說我很獨立，其實是我放棄寄望他人。

二十六歲時，我到臺中工作，也尋找醫治多汗症的解法。我初次接觸身心靈，開始練氣功，和氣功團體內一名前輩走得很近。前輩熱情地介紹我「本靈」是什麼，「修行」是什麼。起初談靈性成長，總是新鮮有趣，練了氣功兩周，我的靈魂——自稱Mulo，以銀色長髮男子的模樣冒出來，說要帶領我認識靈界。

可是氣功團體中，多得是跟隨老師多年卻沒有開靈通的學員。氣功只是加強了

嗨！
我是Mulo！
靈魂在靈界
都有工作。
為了專心，
就會分出部分
能量，放入胚胎
深度體驗。

我天生就有的能力。當身心靈的老師們說，我其實是天生的通靈者，真是難以置信！我隱約回憶起小時候的事情，又不由自主地極力抗拒回想。我也是半信半疑，更對「光與愛」嗤之以鼻，那是我未曾經歷的。

然而我跟他人交談時，Mulo建議我說出來的話，都「剛好」切中對方的狀態，甚至能知道對方從未跟別人講過的祕密，也可以形容我們從未去過的房間的擺設。Mulo探索之前，都要求我禮貌地說：「如果我需要知道這一件事情，我必須要另外知道你的隱私，你願意讓我得到相關資料嗎？」如果對方同意了，Mulo會用祂的方式講出回答。對方驚訝與佩服的反應，讓我不得不相信，我真的「通靈」了。我開始在網路上記錄不可思議的過程。

隨著Mulo引導我接觸靈界，我「感知」得更清楚了。祂們能碰觸我，我也能用氣場碰觸祂們。我可以聽到、聞到，甚至「吃」到祂們送的禮物——通常是山林的甜味與香氣。我不僅能看到「鬼」，也能見到在廟宇中吸取氤氳能量的「神明」。我能夠看到地球的氣脈能量與光彩，能和所到之處的土地說話，也能理解動植物的思維。

我繼續懷疑自己，也許通靈能力哪天就消失了？然後我又恢復成平常人？我告訴自己：「參考看看，無法理解也沒關係，保持觀察。」畢竟靈界有太多不合理的現象，我怕成為奇怪的神棍，我不想傷害別人。

漸漸地，Mulo的靈界能力，遠遠超過我們的想像，前輩的態度也不自然了。前輩若有似無地酸我、挖苦我，拿我在網路的紀錄奚落我，並且引用宗教經典否定我的感覺。彷彿我只能套用他的價值觀，所有超出他能理解的，都是錯誤的。我很錯愕，我所感覺到的靈界，很多都顛覆傳統宗教的說法，我也很困惑，我想要觀察，應該可以保有我的想法吧？

氣功團體內的「修行人」也私下說我不是他們的「同修」，甚至認為和「非同修」說話，會被「傳染」業力，相互提醒別跟我說話，別相信我。當流言傳入耳中，讓我更不想加入他們的宗教。Mulo總叫我隨遇而安，我只好繼續留在團體內，就算只有兩三個人還會與我交流，至少讓我感覺到歸屬感。

失控的情緒是靈界的武力

除了人際遭逢的挫折，我也遇到來自靈界的攻擊。

前輩修行多年，能量比我更穩固壯碩，他的活靈會衝來我身邊，狂亂地破壞我在靈界收集的小東西——那些小東西是風精靈送的「喜悅」，或者大自然其他存有送的「祝福」，像是閃閃發光的多彩寶石。前輩會把這些禮物捏碎，嚷著：「憑什麼小湛比我有能力，憑什麼！我的靈魂明明更高等，她的靈魂算什麼東西！」前輩憤怒的臉扭曲到發紅發黑，簡直像厲鬼一樣，真是嚇壞我了。

Mulo就像一束光停在窗邊，祂溫柔地說：「來，摀住耳朵，閉上眼睛，專注感受我的存在，回到心內。這些來自外來的惡意與嫉妒只會傷害你的表層，但是你裡面是安全的，你確實沒有能力可以保護自己，現在我會教你怎麼做。專心，感受自己。」

前輩瘋狂宣洩他對我的不滿，而我縮得小小的，努力感覺Mulo的溫暖與耐心。當我真的能夠靜下來，轉移全部焦點縮到自己裡面，Mulo教我唱歌——那是能量的編織，我可以創造滿足與喜悅，以及能夠自給自足的部分。等前輩的活靈消氣離開了，Mulo再牽著我去修補破碎的能量。Mulo可以把所有東西修補齊全到看不出毀損，於是我放心了，也很感動，我不會失去我的東西。

Mulo提醒我，縱使我無意傷害別人，只是想分享，還是會有人想傷害我。無論他們有意、無意，或者無法控制自己的狀態。即便是認識的人、熟悉與信任的人，在靈界都有可能呈現另一個面向。尤其對方沒有意識到自己的情緒攻擊性，毫無覺察起心動念，就會輕易地傷害到對方。

我是 Azure！
被 Mulo 分出來
的覺知！
可以把我當作
「潛意識」，
是今生的
原始人格！

我好奇地問Mulo，該怎麼像祂有厲害的修補技術？祂爽朗地教我了。原來我的能量場太薄，防禦不足。我只能重新鍛鍊，練習保護自己。

我在靈界學習——我可以感覺能量編織，這難以文字和形象說明。靈界的學習像是閃爍的光譜瞬間流動，我就能懂了。即使大腦的我無法解釋，但是我知道，我能夠透過潛意識學習。靈界的學習需要身體入睡後，能量整合了，才會在靈界進行。我能記得夢中的發展與經歷，睡醒之間無縫接軌。剛開始真累，醒了要上班，身體躺下後還要去上學，我只好拜託祂們，別讓我記得靈界發展，不然都沒休息的感覺。

當前輩的活靈再次出現，我的覺知就躲起來，不理會他，只專心地感受我自己。曾經我懷疑，我看見的前輩活靈，真的是他本人嗎？直到我跟他聊天，眼睜睜看著他的左耳上方，膨脹出一塊紅色怒氣能量體，接著有了他的臉，活靈在現場沾上我這兒。

我觀察其他易怒、發動情緒攻擊的人，像是我爸。頭腦混亂的思緒加上湧上來的憤怒，會從頭頂、耳旁，漫出來沾染周遭，甚至成為分靈附著他人。只是一般人沒有修行，分靈很小，能量很快就散了。

我放低姿態說話，希望前輩別對我懷抱敵意。我以為沒有找到和平相處的方式，是自己的錯。我回到臺北工作，前輩的活靈也會突然出現。靈體沒有時空限制，長則跟著我三四天，少則幾分鐘消失。如果活靈跟著我一段時日，我當面遇上前輩本人，活靈會被吸入當事者的能量場內，就像磁體大吸小。我每天那麼忙，根本沒空想到誰與針對誰，前輩倒是隔幾天就出現一個活靈黏過來。曾有一個多月，我沒再看到他的分靈出現。才知道前輩重感冒了，畢竟能量持續丟到我的身上，他也會出事。

一旦「注重他人大過於自己」，無論心態好壞，譬如很怨恨某人或掛念某人，能量就會流往對方身上，像是建立一條管道流出去。自己會感到空虛、渙散，無法集中精神，滿腦子都是別人，包含自己的運勢與健康都會跑掉。在Mulo的教導之下，我越來越能夠專心往內，意志更穩定。生活上過得養生，使能量益加穩固。我也試著控制自己的思緒與感知，這使我更能集中注意力，而獨處可以幫我釐清靈界細緻的能量。只要是人，保護／防禦自己能量的最好方式，就是把焦點回到個人的身心。

四年後，我終於對前輩感到厭煩。前輩認為自己是相當高等的眾生，那是他的價值觀。雖然前輩的靈魂確實很好，溫柔有力量，然而他的靈魂沒辦法管好人身，人類層次的分靈總是出去傷害人，也是不負責。我們並不適合保持長遠的關係，所以我決定劃下界限。

前輩的活靈偶爾還是會挾帶怨恨出現，但已經被我隔離到無所謂的程度。前輩習慣性地讓自己的能量散出去，那就是他的功課了。多虧前輩的實戰訓練，讓我知道弱者狀態該如何保護自己，那就是專心回歸於心，緊緊地專注自身。

隨著我觀察到越多人與靈魂，也看到真正厲害的靈魂，是會在生活上控制與引導自己的人生面對自我的狀態，會有調適情緒壓力的方式，能把精力放在專長上，不會如此狂亂地憎恨與失控。例如，能量流速快的人與靈魂，能透過音樂、舞蹈、運動等興趣，享受樂在其中的過程，讓能量回來自己身上。能量流速較慢的靈魂，可能會透過寫作、繪畫、手工藝、烹飪等方式陪伴自己，能與自己好好相處，就是在集中／保存個人的能量。

拾起破碎的心

我很少大力推崇靈界的美好，是因為在真實的危機與傷害面前，我只想著該如何平安退場。縱使身心靈的領域有非常多美好的話語，然而，有時候光只是平安就不容易了，怎能還要求更多呢？要練到具有堅強的防禦力，實在需要時間練習，包含心態的穩定度。

Mulo從一開始，就鼓勵我尋找專業人士的幫助，祂說：「從哪裡破碎的，就只能從哪裡撿起碎片。」當我透過心理諮商處理到我和父母的議題，三十多歲了才意識到，原來我童年經歷的是「家暴」——爸爸會在早上打醒每一個孩子，晚上大家站一排，由媽媽結算誰不乖，由爸爸拿著皮帶和藤條「算帳」。我們當然想逃走，可是全家房門都被踹破了，無處可躲。

父母憤怒起來會砸孩子的東西，丟入垃圾桶。媽媽總是說：「爸媽不會故意傷害你，我們很愛孩子，只是我們生活壓力很大，你要體諒我們……」我也下意識地重複媽媽對我說的話：「前輩並沒有傷害我，其實他人很好，他只是壓力大偶爾生氣，我不要計較……」我太習慣受傷，還要替對方著想。

不只身心靈的前輩，過往的人際情誼，我總是和類似父母的對象成為朋友。剛開始人好的時候很好，熱心又體貼。然而到後期，若我的所作所為不如他們的意思，就要把我毀掉。

很多人知道我的過去都非常震驚，會憐憫我，讓我感覺不可思議。原來我能夠被同情？不是因為我活該？當我接觸更多的人，比對著不同的人生經驗，看見全新的天地，感覺我似乎能夠做出更多的選擇。也是在給了自己足夠的安全感之後，我才回想起更細節的記憶。原來我的手腳多汗症，是我兩歲半時，父母在隔壁的辦公室工作，要我照顧剛出生的妹妹。我得坐在床上拍拍妹妹，讓她別哭。妹妹只有在被抱起來的時候才會安靜，而我無法抱起她。妹妹哭得更大聲之後，爸媽進入房間會責怪我：「為什麼你連哄妹妹都做不到？」

但是我真的沒辦法阻止妹妹哭泣。我陪她玩，唱歌，安撫，妹妹還是會哭……我也跟著哭了，爸爸會搧我嘴：「你是姊姊，你這點事都做不好，你憑什麼哭？」於是我不能哭出聲，我好害怕等等又要被懲罰。我恨妹妹，也好恨無能為力的自己。成長中的手腳神經急著要我逃跑保命，而我無處可逃，於是神經長得更密集，直到觸發汗腺，導致壓力下過度分泌汗水，父母的嫌惡，使我更加羞愧和丟臉。當壓力持續不斷，手腳汗腺也源源不絕分泌，成了惡性循環。

關於過去經歷的種種，我不想說是「痛苦吸引痛苦」，「吸引力法則」很容易演變成責怪受害者，而我那時還是幼兒，連抗拒的力量都沒有啊。

Mulo告訴我，就是因為這個家族的業力很重，祂安排來到這個家庭，就是為了化解業力，所以其實我是充滿善意地來幫忙。然而這個家族內的大人們，也是被業力影響到自顧不暇，於是把生活上的壓力丟到孩子身上。靈魂的善意，不一定會吸引善意的回應。有時候太良善，遇到不懂珍惜的人，是會被糟蹋的。

「一切都是最好的安排」，聽在我的耳中亦非常諷刺。彷彿投生來這個家，就要理所當然地遭受暴力，所有重複發生在我們身上的悲劇，都是我「吸引」來的。而且我得「原諒」，不然我心胸狹隘，又是我的錯。有太多身心靈的用詞，都站在太高的角度，不落凡塵。好多人急著當神，想要解釋生命中發生的一切，想說神一般的話。然而並不是每個人都可以過得平安順利，「心靈雞湯」有時是會傷人的，說教也無助於讓傷口復原。

原諒無法強求，際遇也無法強求。而我們能做的就是安穩好自己，不再被往事牽絆。

受傷的能量場

我過去的生活經歷，讓我壓抑住太多崩潰的感受，使我絕望到想殺了自己。而我的靈通能力，讓我想起更多前世可怕的經歷。我不得不面對排山倒海的情緒風暴。如果沒有人能理解我，至少我要釐清這些混亂的情緒。

Mulo對我很抱歉，祂難過地說：「我知道我們的特質有很高的抗壓性，可以轉化所有發生在自己身上的苦難。很抱歉我過去總想著幫別人，而忘了幫助我們自己。」我才知道，靈魂的愛太大了，可能也是因為太大，而忽視了成為人身受傷的可能性。如果只重視眾生，而不重視自己，也是種失衡。於是今生，我和Mulo一起面對我們內在的痛苦。

當我在靈界學習，靈界導師們提醒我：心靈遭受嚴重的打擊，會被摧毀相關防禦，就像破掉的網，我們受傷的能量場，對類似施暴者的人士無法設防。尤其在最年幼、最脆弱的成長的過程，當長輩喊著：「因為我愛你，所以才要處罰你，你以後就會感謝我了。」把愛跟暴力和感恩劃上等號，使我們不由自主地把其他的施暴者，通通視為給予我們愛、需要回報的對象，因而無法離開傷害自己的人。

而本性帶有暴力特質的人，他們不擅長處理內在的壓力，只會用宣洩方式。在情感正常交流的團體中，他們會被排斥，沒辦法得到認同的焦慮感，又會加重他們的壓力。就像身心靈的前輩，能夠察覺到我的能量是破損而虛弱的，彷彿聞到獵物的獵犬，理所當然地把他的壓力施加到我身上。這種霸凌關係，可以在所有的職場、團體，以及校園各個地方發生。於是我們就會看到可悲的現象：霸凌者到哪裡都重演暴力傷人，受害者即使換全新的地方生活，也會被其他的人霸凌。其實兩方都是受傷的，情緒不穩，壓力失衡到需要被幫助。

這種兩極的現象，需要旁觀者具有敏銳的觀察力，發現哪邊不對勁，適時提供幫忙。像是介紹社會福利機構，或通報社會局，讓專業的心理從業人士幫忙。

靈魂的約定，只能安排人們相處的機會，不代表人類層次能夠友善互動。有些關係會被扭曲，需要人為介入。「被幫助的經驗」需要被創造出來，受害者與加害者才能改變。

人的事情要回到人的層面，靈界的事情會有靈界的秩序與狀態，這是兩種截然不同的平臺。我經常在想，如果小時候有鄰居或警察能夠過來阻止爸爸，那該有多好。Mulo要我親自去體驗，那樣的體悟才是我真實的歷練。雖然我個性內向，習慣靠自己，Mulo希望我走出去，我還是得向別人告知我的需求，我依然得接觸人群。

我是小湛！
是頭腦社會化後的個人認知。
和大家一樣，
從無到有地學習靈界的樣貌。

當我回到人類層面，持續地照顧自己的身心，有足夠的勇氣看見童年傷口，我的能量場也在復健。我逐漸減少羞愧與過度負責的現象，意識到所有的問題不全然是我的錯。這世界上還有很多友善的人，我可以練習建立安全的關係，保有個人的思維，愛我的人會喜歡我有自己的樣子。我可以選擇喜歡的朋友，並且遠離不健康的關係，而非認識了誰都得負責到底。

是的，在地上碎裂的部分，無法從天空找回來。只有在成為人的時候，才能拾起人類的碎片。因此靈魂都是為了拾起自己，一來再來。

我們都需要連結，才能看見自己和別人不同的地方。也因為對照，才會意識到我們都有成長的空間，不會活在個人的世界裡。即使與人互動的過程，難免會碰撞、不愉快，我能夠擁有我個人的思維，有力量可以克服生命中每一段關係。Mulo耐心地等待我成為自己的模樣。

我花了數年，在各種身心靈團體內逛一輪，尋找能讓心靈復健的方式。最後我所感受到的，已經和靈界、能量無關了。我撿起小時候破碎的我，我需要找回我這一生完整的樣貌。最強大的療癒力，源於我與自己的關係：能夠對自己誠實，下定決心拯救自己的人生。

而我走過的心路歷程，使我後續能接住歷代祖先的執著、詛咒，以及徘徊不去的冤魂們。當我能理解我的脆弱，我亦能看見祂們的脆弱，看見祂們真實而受傷的心，而非恐怖的表面。沒有人想怨恨，恨是無法用理性說服的。仇恨的根源是強烈的委屈。恨意是弱者僅剩的抵抗。寂寞是不知道該如何與自己相處。

我遇過各式各樣的厲鬼，祂們所有的糾結，都是有多痛，就會有多恨與執著、寂寞與悲憤。當我們聊聊天，我能夠理解祂們滯留的苦衷之後，祂們感覺到我的同情與關懷，委屈就被釋放了，厲鬼也就轉化了祂自己，回到光裡面。人們與眾生渴望的，終究是愛與平等的交流，在憐憫中，識得真實的生命。

網路平臺上的能量觀察

我瀏覽網路看到各種敏感體質的人，他們的靈魂不一定有相關的技術可以保護自己。其實從頭像、名稱，還有網頁，就可以看到當事者的能量場的結構，以及靈魂的特質。

一個穩定的靈魂和人類，他們的能量會是沉著入世的，清楚別人的事情跟自己的事情的差異性，能尊重世間的發展，有無比的耐心，其能量結構就像是大樹一樣，穩穩地往下扎根，強壯地往上延伸。如果對世界的想法太單純，急著往上面衝，養分來自於抓取周邊的能量：別人的崇拜、別人的信仰，或者外靈的能量。這樣幾乎沒有根，整株樹苗結構不成比例，想要的已經超過具有的能力，早晚會垮掉。

也有的人一看就是超級善良，靈魂捧著白花花的能量四散，急著想要送祝福給大家，沒有考慮到滋養自己的生活。靠近他的人與眾生都很幸運，自己的生活卻很辛苦艱難，無法拿捏內外的平衡……宇宙的能量資源，其實要看靈魂的能耐去收集跟整合。所以能量資源會因為靈魂的技術不足，給出的大過於補充的，導致入不敷出。

人生，是人類跟靈魂層面一起面對，靈魂的個性和人類的個性很像，也不是所有靈魂都可以拿捏好人類層次的狀態。

我見識過其他活靈對我的攻擊，例如在現實中把我推下樓梯，跟在我周遭想打探我的底細。有意識地靈魂出體，能量會特別的密集和強壯。甚至好鬥的通靈者會想透過網路「鬥法」，透過下咒、玩降頭，來證明自己很強。直接從靈界來陰的。

靈界所有的資訊都很透明，尤其我又能看得那麼清楚。人類的活靈除了有清楚的五官，頭上也會標注：「來自某某縣、某某鄉、某某廟，幾歲，姓名、地址……」像是打線上遊戲，玩家的稱號與來源全寫在上面。我發現這種人的靈魂，也經常在靈界忙碌，當靈魂太想要幫助世界，或忙於自己的工作，就忽視了人類層面的照顧。當人類心靈空虛，就會想要找目標證明自己。

就算我可以跟靈魂說話吧，請祂們回來管管自身人類，也是效果有限。因為靈魂會習慣性地又跑去工作，有的靈魂還會對我說：「你個性比較成熟，就多包容吧。」人類沒有自制力，靈魂層面也是，還把責任推給我了。真是大開眼界。

靈魂有祂們的層次，靈魂可能會忽視自己人類層次的需求，或者高估人類的控制了，就很像家長放著小孩不管沒有好好教育，小孩（人類層次）就開始胡搞瞎搞，甚至傷害他人了。我沒辦法改變別人，只好在靈界多學點防禦。卻有人單打不過，還揪團來早上戰，半夜也戰。無聊人士多到不可思議。有靈通的天賦，不等於有做人的格調。至少我可以保護我自己，這樣就好了。

所以人生種種，其實非常需要「自覺」——觀察自己的起心動念，調整自己的言行舉止。人類的我們確實管不了靈魂層次，至少我們可以管好自己，別造成無謂的傷害。

與自己的關係

我在二〇〇九年進入職場工作，二〇一二年接觸身心靈領域，二〇一七年以前，我依然是個普通上班族。我看到太多心靈受傷的人，耗費大量時間與金錢在身心靈活動中，卻不一定能滿足，甚至人財兩失。

「如果我連自己都搞不定，憑什麼去幫人？」我深深自誡。當我有力量從谷底爬出來了，二〇一八年我開畫圖班，透過紙筆釋放內在的壓力。二〇二一年帶冥想課，引導大家善用身體與氣脈代謝的關聯性做日常保養。我的工作像是輔助，傳授工具，大家還是自己人生的主角。前行的力量，是要靠生活實踐、累積出來的。

Mulo跟我談及，其實靈性的行業，是靈魂當人類門檻最低的條件：只要有直覺力就好了。很多靈魂剛剛來，對地球不熟悉，走靈性上手快，最方便有成就，而缺乏深思熟慮。然而對環境的敏感度是靈魂的出生前設定，靈通使用過度，走歪了連接大量不善的眾生，當靈魂發現不妙，隨時能關掉靈通。靈魂們只是想體驗，不等於想長期滯留在地球處理恩恩怨怨。如果人們太依賴靈通，讓靈通成為唯一的謀生能力，是有相當危險性的。一旦沒有「祂們」，個人價值也蕩然無存。

所以Mulo才安排我成年後，經歷社會職場變動，保持和群眾的交際，具有相當適應能力之後，才引導我接觸靈界。唯有我的心態足夠強壯，我的感知頻道也會相對穩定，不會像小時候接觸到不好的眾生。以及，若我沒有職場和人際的經歷，很容易因為靈通帶來的權威、利益和群眾崇拜，被金錢和地位迷失自我。

過人類生活的是小湛，有靈界進修的是 Azure！
我們是一體兩面！都是屁寶！

靈通要顧及的是兩個世界。一個是日常生活，還有另一個世界的騷擾，畢竟祂們會穿牆而來。人類需要基本的防禦能力，也就是身體健康——身體越健康有活力，陽氣與防禦更充足，才不會被干擾。人的生命是有限的，運勢也是。一旦開啟兩個世界的感知，就是蠟燭兩頭燒。如果沒辦法拿捏兩個世界的平衡，很容易兩邊的生活都垮掉。

我希望這輩子能好好活著，至少好死，不要有太多病痛和無謂的傷害。那麼多的前世體驗，雖然有些回憶痛到流淚，至少我有能力擁抱每一個破碎的我，將其拼起。

通靈體質只是代表能量場天生偏薄，就像有人天生骨架大或小，只是體質的差異性。所有人都一樣，只要把自己照顧好，都是在拾起自己的碎片，讓自己更加完整。

在靈界學習

地球就像是個幼兒園，偏偏有少數幾個人喜歡丟泥巴。有的人會哭，有的會反擊，有的跟著一起抹上泥巴奮戰，有的去找水龍頭把自己洗乾淨。不過大部分時候，我們都努力地在各種爛攤子裡，找到適合自己的求生之路。

當我接觸心態成熟而明亮的存有，祂們能量遼闊，像是一整片天空，眼眉慈祥，讓我像個小屁孩盡情嘗試。如果我跌倒了，祂們會輕輕鼓勵我。若我很悲傷，坐在原地大哭發洩壓力，那也不錯。

這些來自天上的長輩話都不多，祂們安靜到大部分時候，我都忘記祂們的存在。祂們曾對我說：「這是你的人生，你在你的世界也有相當的經歷與自覺了，你可以更勇敢地嘗試和檢討，而我們在這裡陪你。」

我從祂們身上學到的，就是從容，體諒，和無盡的耐心。重要的是，不必害怕犯錯。犯錯了沒關係，這些事件，讓我們更了解自己的狀態，能夠面對內在的壓力嗎？會積極、平淡或消極？我們會如何照顧自己？能夠檢討所有的問題如何發生，然後避免類似的模式再度出現？

這才是祂們期待看見的——使我們更加認識自我的多種面向，具有彈性與韌性。我的成長，是我與我自己的關係，和祂們無關。祂們的守候超越了對錯與獎懲，超越了時空，祂們能無限制地等待下去，最終都是引導我們面對自己的生命，取回個人的力量與內在覺察。

我是我人生的主角，我要練習成為自己。而真實的我會是什麼輪廓？需要我摸索出來，祂們不會告訴我答案，不會替我做選擇，那是只屬於我的答案。雖然有時候會感覺到寂寞，祂們太冷靜，保有界線與尊重。我曾經耍賴、不聽話、故意想要惹毛祂們——祂們居然沒生氣。祂們乾脆不說話了，但是沒有切掉聯繫，像是隔著透明窗戶，我依然能夠看到祂們，慈祥地放任我繼續鬧脾氣。這讓我很意外，因此情緒過後，我不禁問：「為什麼我吵吵鬧鬧什麼都說出口，祢們不會討厭我、罵我？」

長老對我說：「你只是個小朋友，是身體長大了，心靈卻沒有被好好對待的小朋友。我們看到的，是你對我們的不信任，以及你對自己的失望、自暴自棄，不相信自己可以被愛。這樣的你，是傷痕累累而可憐的。如果我們真的被你激怒了，是我們的問題。如果我們跟著發怒，表現對你失望，沒有耐心，使我們的情緒牽連到你，或者嚇到你，是我們的不成熟。我們今天來到這裡的目的，不是傷害，只是陪伴。我們會收好自己的情緒，這是大人的基本修養。」

我好感動，祂們為了愛我，更嚴謹地對待祂們自己。這是最好的身教，我肅然起敬。從此之後我就不敢胡鬧了，祂們對我的重視與關愛，讓我更想照顧自己。

我繼續在宇宙進修、學習，練習編織身體的能量場，認識不同環境的能量結構。祂們偶爾會把我丟入立體空間，面對各種情境的測試，觀察我的反應，考試後還會檢討我的心得。這些考試沒有絕對的答案，只有「我為什麼要做出這個選擇？」的討論。

靈界的測試都是開放式答案，因此靈魂之間少有競爭，不需要相互比較，關係自然流通放鬆。Mulo不會限制我在靈界做各種嘗試，祂只是重複告誡我：「必須為自己的思想與行為，負起全部的責任。」

既然能感知這麼多種現象，更要注意別人和自己的能量界線。祂和這些長輩，尊重所有的生命體，不僅僅只有人類，也希望我用這樣的角度，時時刻刻帶著感謝與謙遜。越有眼界，越是自由，越會自律。

CHAPTER

2

靈魂層次：我的靈魂 Mulo

我對「靈魂」的定義是：更大層面的「我」，也就是人生的主要策劃者。Mulo把我的體質設定到能夠認識靈界，讓我的大腦足以轉譯靈界的資訊，例如把祂們模擬成人類的模樣，增加親切的互動。

實際上，我所見的靈魂都是光體，彷彿鑽切的多彩光澤，可能混合一段樂曲、還伴隨溫度，有的熾熱，有的清涼和煦。靈魂的特質很像彗星，有主要的核心，和擴散出去的部分。

靈魂透過分身，像是輪迴，來體驗周遭環境。能夠成為人類的靈魂，質量都很大，無法「全部」塞到一個身體內，需要「分身」部分放入胚胎，還要將近四十周的懷孕期，保持靈魂與胚胎的校對，使靈肉合一，才不會在激烈的人生情緒中，導致靈肉分離而結束人生。質量較小的靈魂沒辦法體驗激烈的情感，就會成為動物、昆蟲、飛鳥和魚類等簡單的生命形態。

地球像是一座學校，分出一部分能量，成為身體借給靈魂們運用。可以說，這個身體，是地球和靈魂們同步體驗和學習的載體。靈魂成為人的意念，身為人類的種種感受，以上的「萬有情感」都將促成星球意識的進化。

Mulo說，在地球上，若靈魂決定完成地球旅程，前世今生散出去的能量：對自己、對他人與事物的情緒與感知，都需要回歸，那就是「放下執著」。這並不需要開靈通就能完成。只要在生活上，有意識地自我覺察，觀照自己的情緒與感受，帶給自己安全感。當能量完整了，我們會感受到平靜、安心，還有放鬆。

靈魂便是透過對外的擴展（感受他人、認識環境），以及對內的圓融（觀照自我），界定自我與世界的關係，從主觀客觀之間，獲得經驗與茁壯。

我們的靈魂個性

我練氣功兩周左右，就隱約覺得，身體裡有個「誰」想要跟我說話。當時我以為我瘋了，想要壓下這個「不理性」的感覺，真嚇人。

氣功老師說我是可以「看」到的，也鼓勵我觀察「不理性的聲音」，我才半信半疑地，試著感受這個「誰」，接著「Mulo」的名字跳了出來，好像接通了頻道，滿心喜悅地說：「我就是你的靈魂啦，腦袋怎麼這麼硬，一直不肯接受我呢？」

我實在太懷疑了，以為是小說漫畫看太多。當我嘗試畫出Mulo的模樣，祂的模樣更立體，閃亮亮的，我們之間的頻道也更清楚了。習慣獨來獨往的我一時之間不知所措，好像莫名被認親，真怕被詐騙。

Mulo態度親和，像是鄰家大哥哥，又有些調皮和幽默嘴賤，打破了我對靈魂「高高在上」的認知。祂甚至會在我旁邊打滾賴皮，要我選生鮮食物，要照顧身體等等，祂話好多。

我滿腹疑慮，不時會去找前輩還有氣功老師詢問，是不是「我瘋了」。我以為我是個很無趣、無聊，沒什麼幽默感的人，可是Mulo卻跟我完全不一樣？老師們都要我放心。

隨著前輩和我產生距離，我謹慎地觀察Mulo，雖然Mulo教我如何抵擋前輩的活靈，我依然覺得我跟Mulo不一樣。聊天過程多少會談到別人，Mulo總是在引導我思考：「別人會有他的狀況，別人不是我們能夠控制的，那就說說，你為什麼對他會有這些感覺？關係裡面的得失心都和受傷有關，有沒有想過其他的可能性，導致你的反應這麼大？」

Mulo像是走實用派路線，跟其他的靈性傳訊文章也不同，沒有那麼多承諾和安撫，都是平輩般的探討。

Mulo也會和我討論政治與經濟議題，只是Mulo要求我別把政治和經濟、時事文章寫出來，因為「這是這個時代人類的議題，要讓大家保有自由判斷的能力」。祂提醒我：「我們只能分享個人生活的故事、自己的觀點，要記得把『自己』和

『別人』分開，就可以避免『操控』——也就是減少涉入他人的人生，免得招致怨恨和其他不必要的麻煩。」

好多年之後我才明瞭，只有當我能夠清楚地區別「別人」和「個人」的不同，以及「靈魂」和「人」的不同，彼此有清楚的分界，才不會冒失地攻擊對方的價值觀，忽視了雙方之間的平等。

剛開始我以為「我很無聊，無趣嚴肅」，後來了解這些特質是我在原生家庭成長中塑造的防衛機制。當我能夠放下防衛，重建自信之後，我越來越能夠理解Mulo看事情的角度，才驚覺，我們怎麼這麼像啊！連思考的方式都一樣廣泛。我從來沒有想過，我會有這麼輕快、喜悅和幽默的一面。

在接觸Mulo之前，我聽聞其他身心靈文章敘述的，像是「靈魂在另一個帷幕沉睡」、「靈魂是無瑕與完美的」等等，我會找Mulo談論這些觀點。Mulo笑說：「如果靈魂都睡去了，人類也沒有運勢的變化啦。所有運勢的起伏和人生資源的安排，像是就讀的學校、考試運、職場運、財運，其實都是靈魂忙著周旋安排的喔。人類的你們有自己的生活，靈魂也有，最基本的，就是觀察人類的自己是否有到了預定的心理狀態，能否駕馭接下來的行程，或者需要插播新的事件促使人類調整，有好多的小細節呀。」

Mulo教我觀察人們與其靈魂的關係，像是經過臺北車站時，我看著每一位路人的能量場，有些人的靈魂就在人類的旁邊，專心檢視接下來的行程和處理的事務。也有人的靈魂不在，正在靈界其他地方。Mulo如果不在家，幾乎都在和其他靈魂討論人生未來的發展。我也是有見過靈魂愛玩，不一定都忙於正經事。

靈魂在人類身旁，氣場會顯得飽足發光。靈魂不在，氣場就會暗淡與壓縮。

「靈魂會有自己的生活圈，有的靈魂喜歡獨處，有的喜歡往大自然跑，或者有的和其他靈魂組成團體……這些都能從人類本身的特質看出來。」Mulo對我眨眼說：「我和你都一樣喜歡獨處，所以我比較喜歡待在家（身體能量場內）。我在靈界的主要工作，也與發想創意、協助地球的自然能量協調有關。這也對應到你喜歡動植物，走藝術相關的工作。人和靈魂的特質基本上都很類似，畢竟是同一體呀。」

所以你的靈魂是什麼樣子的呢？回想自己生活的態度就知道了。通常你是什麼個性，靈魂也是類似的個性。

如果你是好奇寶寶什麼都問，你的靈魂大致上也如此。工作狂靈魂，也有著工作狂個性的人類。膽小的靈魂，人類也很膽小。有小聰明的人，靈魂也有很多小聰明。熱愛進修、喜歡嘗試和冒險的人，也有同樣特質的靈魂。你平常怎麼花錢與儲蓄？靈魂設定的人生資源也是如此，如果花錢如流水沒有基本概念，靈魂看待人生資源意識亦是相同。所以人一生的學習，其實也是在增進靈魂的經驗值，影響未來的鋪成。

人類的我們，可能會因為成長過程經歷的事件而變得退縮，但是我們也能透過後天的練習釋放創傷。認識自己是一輩子的路，如果願意給自己探索的機會，就能一層一層地剝去環境給我們的限制，能感受到內在的寶藏，感受到靈魂真實的模樣。

如果想知道靈魂如何對待你，那就觀察你對待身體的方式。如果你會注意一天的喝水量，會計算每一餐的營養，意識到要保養身心，偶爾安排休假放鬆，就代表你的靈魂也會在每一餐、每一時刻，都注意你是否吃得好，睡得飽，是否開心舒適。

如果說，人類的情緒就是我們的內在小孩，人類的我們亦是靈魂的內在小孩，像是俄羅斯娃娃，一個套一個，從大套到小。如果我們能夠往內照顧身體的需求，變成習慣，也能反映在我們與靈魂的關係上，靈魂會更願意經常留在我們身邊，照顧著我們。

靈魂的多樣化

Mulo說，在成為人類以前，靈魂都來自某個星球跟境界，屬於某個族群，懷著各自的夢想來到地球。所有的靈魂都是良善的，大家為了愛地球，也被地球接納，因而成為人類。

宇宙實在太大了，每個靈魂習慣的「維度／次元」並不一樣，因此觀點有極大的差異。如果靈魂來自百萬度的星球，會覺得地球太冷；如果靈魂來自酷寒冰封的世界，又覺得地球太熱。因此，當靈魂來自軟綿綿輕飄飄的境界，就會覺得地球上的人們太硬、太慢。如果靈魂來自強硬、銳利的世界，在地球上，則認為規則就是要打破的，個性容易傷人而不自知。

有的靈魂是星際背包客，喜歡獨自冒險；有的靈魂和親朋好友組隊過來，喜愛團體連結；有的背負母星的工作與研究使命，有些是單純想來看看，或者想找認識的靈魂；有的想磨練自己累積經驗，有的想深度探險，特別安排激烈起伏的人生；有的只想當個觀察者，遠離喧囂默默地旁觀……就因為靈魂多元，所以沒有人適合同一套標準成長。

不過大家成為人類之後，人類的身體運作方式是一樣的。我們需要吃飯、休息，以及充足的水分跟睡眠。這個身體是地球母親的禮物，如果能夠善待地球借給我們的身體，也是在學習和地球的能量共處。當我們有了人類身體的平臺，能透過溝通，透過言語、表情、肢體，來理解別人（和他們的靈魂）思維跟我們的不同之處。

若缺乏有效的溝通，忽視他人的感受，便容易產生衝突跟誤解。像是歧視、分歧，搞小團體，然後戰爭就產生了。所有的大事件，都是諸多小事累積而成。沒有靈魂想要當壞人，也沒有靈魂想要戰爭。只是太多的靈魂急著想表達自己，而忽視別人也想要陳述他們的意見。

有能力的靈魂，都希望自己能夠在地球的時代扮演一位傑出、能幹的角色，然而領袖需要顧及的層面實在太多了，除了原生家庭的性情養成，運勢與人脈的鋪成，靈魂也需要對人身保持整合與校對，需要理解地球生態，洞察人性，能夠篩選正確的資訊，不會被諂媚的群眾和媒體干擾……所以當偉人不容易，站上高位，能挺過風浪更不容易。然而能決策他人的同時，也勢必會犧牲某部分人的利益。因此靈魂們若要安排偉人的一生，還得多安排接下來的幾輩子，以化解當偉人時所種下的恩恩怨怨。

相比起來，想體驗簡單歷程的靈魂，像個觀光客，不想給自己惹太多麻煩，只成為社會的小螺絲釘，有收入，只是存不了錢，能活著就好，物慾降到很低，具有說走就走的灑脫。只是有時候人類層次可能受不了這麼簡約的生活方式。

靈魂對人生際遇的安排，有很大的因素和靈魂個性有關。膽大的靈魂就敢轟轟烈烈地什麼都嘗試，膽小的靈魂再好奇都小心翼翼。人類不一定能夠理解靈魂的安排，然而能出現在你人生路上的挑戰，都是因為你準備好面對才出現的。

人與靈的校對

靈魂具有豐富的情感與愛，才具有豐沛的創造力。像是創造每一天，創造自己想要的生活，可以說，靈魂的本質就是「創造」。只是人類的身體就像擴音器，會放大靈魂的情感。對自身不熟悉的靈魂，就很難拿捏情緒的起伏。

人類五歲前還能看出靈魂的個性。隨著成長過程，經過後天的家庭教育，社會文化的價值觀影響，大腦的學習就像是外掛程式，使人格添加更多變數。靈魂不定時會與人身整合，有時候又切換成旁觀者角色。

人與靈整合的時候，我會覺得腦袋格外靈光聰明，分開時就反應慢半拍，甚至感到變笨了。每個人和靈魂整合的時間不同，通常都是隔幾周、幾個月，很偶爾才會看到隔幾年才整合的案例。

在我小時候，Mulo很少回來整合，祂的理由是：「就算整合了，也無法改變長輩的態度，不如專心忙靈界的工作。等人身長大後，靈魂再回來整合，更有意義。」

但是我無法接受這個理由。有段時間，總覺得我是個「工具人」，也曾經討厭Mulo忙著幫別人，就是不幫我。我們吵架過幾次，Mulo認為我任性，我覺得祂冷漠，引得長老和其他層次的祂們來關切。我們磨合好多年。

就算我跟Mulo共為一體，還是有很多感受需要坦承。例如：我以為我吃得很健康，但是當天拉肚子，才發現草莓吃太多，我其實忽視了腸胃的需求，直到腸胃對我抗議。對待身體的關係，就是靈魂對待我的關係。靈魂自以為安排得不錯，人類的感受可不一定，這是常有的事。

靈魂和人類的關係很像是風箏：風箏線的把手錨定在人的心輪，靈魂就像風箏，經常去靈界忙碌，有時候忙到忘了回家。如果想要加強人與靈的整合，可以常常拍拍胸口，呼喚自己的名字，就像是打電話通知靈魂回家。除此之外，練習主動地關愛自己的身體，也能夠增強身心的向心力。即使先天沒有安全感，都能靠後天的習慣養成和補足安全感。

原生家庭與靈魂安排

我每一輩子的人格性情都截然不同，這又與原生家庭的照顧方式相關，孩子會在成長過程，學習主要照顧者處理情緒的方式。

我回憶起前世後發現，若自己某一生成為政治領袖或高階將領，通常我的家庭父母關係都很相愛、敬重，讓我在溫暖充滿支持的家庭中長大，帶給我相當大的抗壓性。成年後的我，便能夠在戰場與政治上，性情穩重地判斷局勢，做出最低傷害、突破重圍的決策。

這使我非常困惑，為何我的前世可以交際廣泛？學習力如此快速，妙語如珠，討人喜愛，甚至招人嫉妒？有太多的前世人格特質與今生的我違和。我如此羞怯、退縮，沒自信，只想靜靜躲著。

隨著面對今生的童年創傷，我回顧看到：出生沒多久，父母經營的事業毀於祝融，後來家境漸好，又經歷兩次客戶的百萬跳票，父母忙著重建事業。我上面有個哥哥，媽媽認為男孩不必做家事，哥哥總是能出去玩，家事都交由我承擔。媽媽說我是女生，應該要忍耐，因為每個女生都是這樣長大的。我感覺到男女多麼不公平，稍有抗拒就會挨揍。我不得不沉默和躲起來，免得成為箭靶。

接觸身心靈的初期，我迫不及待地希望爸爸可以「變好」。我花了很多錢做能量療癒，但是爸爸的個性還是依舊，這才發現我無法強迫別人改變。Mulo讓我看到靈界的資料，我父親累世都是軍人、強盜，他對權力和地位、錢財有莫大的興趣。他喜歡當高高在上的人，甚至其靈魂也有類似的習性，總是想證明自己很厲害。

「你父親的靈魂認為，祂的人類會變得這麼暴力，都是累世的環境不友善。是家裡太窮，或者被人欺負，所以人類的部分才會不甘心、充滿仇恨與暴力。每一世結束後，我們靈魂會聚在一起做總檢討，祂會把責任與問題都推給別人，都是『別人逼他的人類學壞』的。」

Mulo解釋：「其實很多的靈魂，無法接受自己會傷害別人。這輩子還沒開始以前，你爸爸的靈魂期許自己能夠成為孩子王，要有很多的孩子，與孩子們共度愉快的童年。只能說祂太高估自己……我也擔心有最糟糕的走向發生，於是安排你，也就是我的一部分，成為這個家庭的長女。像是成為緩衝墊，在第一時間迎接你父母最暴烈的情緒，以保護後面其他的孩子。」我聽了真是哭笑不得。

「雖然你爸還沒過世，不過如今，他的靈魂已經知道所有人遠離他的原因。今生他對待孩子的方式，說的言語都記錄在靈界內，他的靈魂也不得不承認，自己連親生孩子都會傷害，因此感到羞愧不已。下輩子祂自願成為女性，願意體驗不公平的待遇，總算承認自己有問題，需要調整心態了。」Mulo闔起一本資料夾說：「我們沒辦法用一世就解決所有問題，每一世都只能旁敲側擊，用各種先天設定找到生命中的盲點。」

「我以為業力因果，是上輩子做了什麼，下輩子就肯定受到懲罰的道理。」我懷疑地問。

「不完全是。我們無法強迫靈魂輪迴，也無法強迫靈魂選擇什麼樣的人生，一切都需要靈魂當事者同意。」Mulo堅定地說：「只有靈魂意識到自己的問題，才會願意接受其他靈魂的意見與規劃，最後讓自己進入相對辛苦的環境。在輪迴規劃的層次裡，沒有任何威脅的行為，所有一切都需要發自真心，誠心誠意。這是一個更重視心態、精神層次更成熟的世界。」

「可是我爸到現在，還是認為我們不孝，也忘記打過我們，說他從來沒有亂打過。」談到這件事，我仍耿耿於懷。

「那是他的人類層次選擇性遺忘，但他的靈魂看得清清楚楚。」Mulo遺憾地說：「總之，靈魂和人類的層次並不一樣。越是固執、執著於某種形象的這種人與靈，其能量也是固執僵滯而且破碎的，你的父親會有他的人類旅程——這將會是好幾輩子的經驗，在未來的每一世中，需要平衡他對待他人的方式，能夠從人類的角度，真正地看見自己性格上的問題。在人類層次發生的摩擦和衝突只能在人類層次化解，靈魂層次只能規劃和引導。在地球上，真正的主角是人類，不是靈魂。靈魂有無限的壽命，靈魂也需要練習對自己有耐心。越急著要成功和證明自己的靈魂，地球的時間與耐性，會是祂們最大的考驗。

「所以我不會說這是因果處罰，而是祂們和眾生萬物的互動中，勢必得見著自己的面向，然後透過累世經驗，打磨銳氣與傷人的習性。可能因此受傷過重，變成自卑與消沉……然而這個世界是有許多救援資源的，靈魂也在練習收集資源幫助自己重新振作，調整到真正能與周遭和平相處的一天。」

Mulo繼續說：「我這輩子計劃來這個家，你光是繼承這個家的血脈，我們的能量就在消化、轉化整個家的氛圍。其實你也不必特別做什麼。別人的執著是他們的事，你只要照顧好自己的情緒和狀態，就能潛移默化地使他們的靈魂學習和自我檢討。他們的人類層次看起來還是沒變化，也沒關係，那些是下輩子靈魂們自己需要去探討的議題。靈魂只能預計好今生大概要走的方向，安排際遇。然而實際上會採取什麼策略，還是要看『當下』人類層次的智慧與抗壓力。輪迴是要讓靈魂們更能理解自己的狀態，輪迴不是懲罰，業力只是顯示你不善於處理的狀態，不習慣的，多多練習就會上手，也就是如此罷了。」

Mulo特別提醒我：「關於靈界相關的訊息，請記得，人都有創傷，像是『我要拚個好成績才會有人愛我』，如果把個人的經驗套用在靈界，就變成『如果你不提升自己的能量頻率，就是不愛這個世界』，以為靈界也有升學制度。並不是這樣。所以請記得，只要是『人』說的話，包含各種宗教經典，都是『人』的紀錄，一定會參入『人』的社會觀感。要不要相信，是你的自由。

「我只會幫你分析現況，讓你知道每個人都有自己的成長時間。你無法強迫一朵花開，也無法強迫種子萌芽的速度，那就是生命。生命是寬容與等待，是慈悲與守候，當你的力量越大，就越能放手，讓生命成為他們自己。

「身為靈魂的我，並不建議把『人類』和『靈魂』兩個層次混在一起。因為不是所有的靈魂都有足夠的智慧引導人身，像是你爸和他的靈魂。人類有選擇權，有選擇不等於可以名正言順地傷害他人。並不是每個人都具有轉化壓力的意志力，你面對的黑暗也不是誰都能理解。你可能會因為人們的態度而生氣，但只要記得，人們和靈魂不一定如你所想，大家都有自己的功課。

「這輩子我安排你的家人們，是因為我在地球待的時間比較久，我想要做出轉化性格的示範，讓靈魂層面的祂們可以學習。你也確實辦到了，你走出了自己的路，成為你自己。甚至你也影響我，讓我發現過往的安排太不近人情。你改變我看事情的角度，如果我對世界有大愛，我也得好好照顧你，愛你。」祂感性地說。

我深有體悟。近年來我密集地處理原生家庭帶給我的影響，也是Mulo安排的際遇。我抓住祂給我的機會，買心理學的書，上課練習著該如何調適我內在的壓力與衝突，都是希望能夠放下和家人的糾葛。

剝去一層一層的壓力，像是憤怒、焦慮，沮喪的感覺……隨著我愈加探索自身的狀態，也是在卸下重擔。當我回顧那些前世經歷，居然也釋懷了，我看世界的角度不再消極和封閉，也不再畏懼群眾，可以坦然地與人互動。這才是我真實的模樣呀。

我與Mulo的同步率也上升了，不再覺得彆扭。我可以隨時切換觀點，像是切換望遠鏡和顯微鏡，並不相衝突。我能保有所有狀態的我，喜歡靈魂的我，也喜歡人類的我。

Mulo的支援夥伴：長老團

Mulo有祂習慣的生活層次，祂說之前都在宇宙規劃團隊群組，這些維度都像是辦公室，協調宇宙、星系、星球之間的秩序。Mulo開始在地球上的專案後，就沒回去和夥伴相聚了，祂專心在地球的輪迴規劃區協助靈魂們討論人生藍圖，做生態的企劃案。

Mulo來往的夥伴們自有組織，宛如大學選課自由上班，有些處理行政，有些專職教育，有些掌管資訊管道和聯絡其他宇宙的事項，還有的只是順便過來兼差──因為我的靈魂Mulo在祂的層次認識太多夥伴了，祂們年歲長遠，涉足太多未知的領域，後來我幾乎放棄認識祂們的身家背景，實在太複雜，太難以人類的詞彙來翻譯。

長老說，Mulo在地球操心勞累太久，很需要休息，所以祂們往上申請，成為我今生的代理監護人。我們家的長老固定六、七位，祂們也會找其他同伴支援，分擔Mulo預計在地球上的工作。

根據Mulo的說法是：「這些長老都是管理職，是我的上司，祂們在上面都有自己的工作群組，如今只分身一小部分來我們家，然而即使是分身也夠了。」

Mulo對長老們很有禮貌，甚至是尊敬。我很喜歡找長老磨蹭，長老們也會順手摸我頭。對我來說，祂們只是光比較亮，稍微刺刺的，很有威望與厚度，像是阿公阿嬤。

長老的工作，大部分是在督促地球的眾生進修，就是認識自己，可以愛自己，能量凝聚後有足夠的力氣，就可以脫離地球的能量前往到星際發展。長老鼓勵大家多到其他世界增廣見聞，要有一定的能量整理技術，更理解自己的狀態後，才會找到靈生志向。地球實在太小了，需要很多的管理，如果眾生們可以把新的技術推廣回地球，肯定能幫助地球的生態。

長老也不會強迫大家成長，通常是發「考卷測驗」——像我每天都有自己的靈界功課，長老的測試都像申論題，例如：「你喜歡現在的自己嗎？最近讓你煩惱的是什麼？你覺得自己有障礙的部分是哪個方面？如果有能改進和克服的方式，願意學習嗎？」持續給各種資料、報表等，讓我參考和運用。

如果寫不完放著也好，還是看個人的成長意願。長老說祂們也不想勉強大家，祂們講得還蠻乾脆的：「有些小朋友很積極地想多做什麼，有些小朋友的時間還沒到，只想躺在那邊看電視。我們就專心培養積極的孩子，當祂們成長茁壯了，吸收

土地、海洋、大氣就是三種維度。維度是粗淺的生態層次差別，人類住在3維度，維度沒有低等高等之分，只是生態差異。
9～12維是管理階層，我們的宇宙之外有更多～的宇宙。

靈魂永恆也不會老化。
這四位長老常常陪我上課、照顧學生，
長老也有可愛的一面，
可是眾生還是覺得祂們很可怕。

非常多知識，學會各式各樣的技能運用在生活上，實際改善生活。有一天其他的孩子感到羨慕，也想學了，教育才有意義。學習是強迫不來的。」

所以有時候我到其他縣市工作與遊玩時，會感覺到長老在我旁邊發考卷，督促領卷的精靈們學習，大家也不會打擾我，我只要專心地過人類生活就好。只是每天晚上十點後，我就會聽到長老說：「屁寶，看看時間，去睡覺了！早點睡覺，和靈魂的整合越好！」

哎，祂們真的是好嚴格的監護人喔。

靈界的進修

Mulo在家上班的時候，我會看見許多金色能量絲線穿梭在祂的周遭，形成各種網路資訊，變成金色的文件。Mulo一個起心動念，想要的素材就會飛到手上，祂就在那兒忙著工作，像在打電話、開視訊，非常忙，偶爾才會理我。每次我想知道Mulo的工作是什麼？Mulo都模糊地帶過去：「人類不需要知道。」省得我胡思亂想。Mulo很少談及過去，祂更重視的是當下的我。對於靈界的結構，是在後期才慢慢地講得越來越多。

祂的理由是：「你的童年跟成長過程非常辛苦，我想要用輕鬆的態度帶你入門。如果以輕率的態度接觸靈界的結構，是否讓你驕傲妄為？我也是在邊引導著你，邊思考該如何讓你穩定扎實地認識靈界。」

Mulo和長老會教我靈界的防禦技術，身體的睡覺就是在學習。像在算很多的數學，是有結構的，還得驗算、反推。有時候夢境太清楚了，學習好累，結果一起床睜開眼還得上班……我也會受不了，拜託祂們別讓我記得靈界的進修，有需要再讓我記得，不然心真累。

靈魂是在心輪處理靈界資訊，而人類處理資訊的中心在大腦，如果生活上以大腦為主，靈魂回來，身體一醒，就會瞬間切換系統，把原有的系統蓋過去了，也就無法記住夢。專注於呼吸，觀察自己的情緒波動，其實也是加強大腦與心的協調。慢慢的，身心自然能整合，清楚地記得夢境內容。

一般人的覺知是否能做靈界的進修，還是要看能否把當下的生活顧好：至少衣食無憂，沒有那麼多煩惱。因為煩惱和壓力會使人的能量場混亂沉重，限制靈界際遇的發展。

如果我生活上產生強烈的情緒壓力，像是和父母吵架，那段期間也都會中斷靈界的進修。祂們都希望我以照顧好當下的人生優先，有餘力才做靈界的探索，免得靈界成了我對世俗生活的逃避。

靈魂、人類、身體

我觀察了自己前世今生曾有緣分的靈魂，在人類與靈魂層次，都沒有聯繫了。前世我人類的情感，對父母與伴侶、子女的感受，即使有多深愛，那一生結束也都沒有了。

這和我靈魂看待人生的角度有關：「身為人類就是來幫助其他的人類與靈魂，一生結束就是一份工作結案，沒必要下輩子見面。」這也反映在我今生的人際關係上：朋友兩三個就好，沒有特別經營交友圈。真要聚會也是好多個月一次。我更保有個人獨處的時間。

我有一位朋友很重感情，他的靈魂也很重感情，就會延續前世的各種緣分帶到今生，前世的親朋好友依然是今生的親朋好友。他天生就會吸引其他人靠近，即使在機場都能交朋友，四海都有朋友，人緣特別好。只是前世人際的恩怨若多，就會反映在職場與親密關係裡。畢竟越親密的關係，就需要相對多的時間來磨合，非常考驗與各種人的相處之道，他的煩惱也幾乎都是人際，別人的問題往往也都成為他的問題。

無論人際多寡，都不一定如人所願，而是以靈魂的考量為重。靈魂的能量太大，人類的感情相比之下太小。靈魂與人類對人生的目標完全不同，是很常見的現象。有時候靈魂太大愛，想要扛起一整個家族，實際上人身的部分太痛苦，既痛苦又割捨不下家人，這種家族間的恩恩怨怨，通常就會以某人久病纏身，或者某人總是欠債出事，你不得不照顧，不得不管，非得透過這麼緊密的愛恨來了結家族關係。

結束一生後，人類與靈魂的部分整合了，靈魂才會檢討這輩子是否高估自己的能力，下輩子要收斂點，別把自己看得太偉大。有些特質的靈魂，單純就是天性相處不來，不需要強迫成為家族成員關係，當人類前得做好所有合作夥伴的資料調查，而不是只處理自己的資料而已。

因此我覺得，人類層次的我們，請不要太一廂情願地希望自己的靈魂做什麼。如果太寄託於靈魂，也是低估自己的力量。人類的問題請回歸人類層次。

有些人覺得人生不公平，怪罪靈魂，但這並不會解決掉生命的障礙。看是要正面迎戰，尋找其他介入，或者閃避，總之做什麼都行。這一生是屬於我們的。

靈魂只負責規劃、制定目標，但是路該怎麼走，該如何解決困局，方向盤掌握在我們身上。

如果用汽車來比喻的話，我們的身體就是汽車的結構，靈魂是引擎，靈魂團隊是汽車內部零件，平常駕駛的時候是看不到的。而人類的我們能夠控制的就是方向盤，還有煞車、油門跟打檔。人生會怎麼發展，會做什麼選擇，就是看你如何操作。是要左轉還是右轉，或者倒車、衝刺、煞車、迴轉，都看你。如果有餘力的話，照顧好身體就是在保養整體的狀況，該上油的就上油，要加水的就加水，別等什麼都沒了才想到要加。空轉很危險的。

你有多願意照顧你的車子／身體，無論雨天或晴天，有意識地保養跟照顧，這部車子／身體的效能，至少能維持在最佳的狀態。如果怠慢了車子／身體的健康，加錯油，忘了充電，忘了加水，車子的毛病也會越來越多。

每個人天生的配備不太一樣，車型不同，引擎也不同，決定了適合你走的路途。越了解自己，你就越會避免走那些不適合的路。別人能走的路，是他的配備適合，不等於是你的方向。如果路真的太難走，至少顧及一下自己的狀態，可以小心翼翼地前進，當然要莽撞地亂衝亂撞我也沒話說，畢竟有多少種人，就會有多少種開車的方式。

這輩子我們能夠控制的就是如何保養自己的身體／車子，終究有一天我們都會老，過了年輕的期限，總是要想到將來的日子裡，會不定時地拋錨嗎？或者還能強健地行駛？而未來會如何，就看你當下是抱著什麼樣的心態生活。

CHAPTER

3

兩個世界的橋梁：通靈者

通靈體質

幾乎所有的文化中，只要有殯葬習俗，都會有肩負治癒群眾身心責任的醫者，能夠對天地祈禱，帶來奇蹟，扮演連接生死橋梁的角色。

有好幾位臺灣原住民朋友對我說，聽說過往的族人都能聽懂土地的聲音，到了現代，人們卻失去與土地對話的能力，是人「退化」了嗎？Mulo 則回應：「聆聽萬物的能力並不是消失，而是被情緒『遮蔽』了。」

因為文明化帶來的龐大資訊，生活形態的改變，導致比較的情緒增多，羨慕別人擁有的，感覺自己缺乏的，越來越多的沮喪、羨慕、嫉妒、憤怒等等覆蓋了心靈，就像電話無法撥出去和接聽。

Mulo 提及，靈通其實跟土地、血緣有莫大的關係。臺灣由三個板塊擠壓而成，左右兩側的海洋既有冷流與暖流交會，氣候也有季風、滯留鋒、颱風等強烈的風雨變化。因此臺灣的陸海空能量，都在激烈強盛的狀態。在臺灣成長的人與靈，也相對茁壯，充滿靈氣。

靈界還有個現象是，如果你的能量足夠強大穩定，地球眾生的能量比例反而會越來越小。不是祂們縮小了，而是你的氣場長大了。我也聽聞反過來的狀態，如果過度耗竭靈通能力，氣場越來越虛弱，再弱小的祂們也充滿威脅性。

所以每個通靈者，會因為各自能量場強弱的差異性，以及後天成長學習的宗教理念，導致同一個眾生，看起來的模樣完全不一樣——像是，你信仰的是東方宗教，這個靈體就呈現東方人形象。而你信仰的是西方宗教，靈體就呈現西方聖人的模樣。祂們能夠「直接摸透你大腦思維的概念」，呈現你所能接受的形象。能量沒有一個絕對值，是有變動性的。

另外，靈界中，你的心念與感知皆為透明，人類的所有感受，都會被祂們得知。靈界很難保存祕密。若靈魂是主要的教導者，通靈者需要在靈界得到靈魂的專業指導，才能夠把靈界資訊封鎖，保有隱私。這些技術以鍛鍊心靈的穩定性為主，沒辦法用言語表達，要靠身體進入熟睡，在頭腦休息的狀況下，全身的壓力才能減輕，靈魂的能量就能自由舒展。而我所知的人類常用術法，是以頭腦為主而非心靈，通常是和眾生簽約做互利的交流，才能透過眾生操作靈界的技術。

雖然我本身是通靈者，但是我也不建議民眾經常找通靈者處理事務。因為靈界是「心靈」、「心意」優先的世界，如果通靈者本身有貪欲、私念、自我利益優先，想要證明自己的心態，那麼在靈界，慾望有如食物會吸引更多靈界掠食者靠近，什麼個性的通靈者吸引什麼樣子的靈體合作，這些靈體也會透過通靈者講出更讓人驚慌恐懼的話語，激發個案的情緒為食，並且讓通靈者收費得到利益（也有的不收費，但是得到聲望）。這樣的通靈者能量烏黑混濁，甚至會在接觸過程影響個案。

也因為大部分人「看不到能量」，沒辦法辨認「人心好壞」，我才建議保持距離觀望，並且希望大家記得：人類層次的問題請回到人類層面。雖然也有好的通靈者，然而有些心地善良的通靈者，是透過大量消耗自己的運勢和壽命來幫助他人，以至於身體虛弱、病痛不斷。

目前坊間有非常多「宇宙能量」的療法，但其實地球就在宇宙之內，宇宙的能量如果大於人類，為何還要「透過人類」給予能量？這是邏輯思考問題。人類能給出去的，就是人類才有的能量，送愛、送光，給的也都是「人的壽命、健康、運勢」。

我曾經見過一名網友身體虛弱到像是一腳已經踏入棺材，我請他接下來一周「不要做任何身心靈相關的活動」，包括冥想、打坐和送光，只要專心養生，晒太陽補充陽氣，保持穩定作息，注意營養均衡。一個禮拜後，網友主動來訊感謝我說：「我長了十幾年的白頭髮都黑回來了，精神也恢復了。」

我看過太多人太善良，靈魂也太善良了，已經給出超過自己能負荷的。無論如何，幫助人之前要先能保護自己，還要能持續覺察自己潛意識的心性狀態，才不會變得傲慢而扭曲能量品質，這會是一輩子的功課。我會在第六章繼續討論能量療法和靈界儀式相關的問題。

通靈基因

我的祖父母都在逃難中來到臺灣，我的父母從小在臺灣長大，在臺北長大的我，身體也被臺灣的氣脈滋養。媽媽說她能作「預知夢」，阿姨們也會。我的兄弟姊妹都有敏感體質，他們能感覺到「有東西靠近了」，或者「這個地方不乾淨」、「感覺某個人黑黑的，最好別靠近」，也會產生體感的雞皮疙瘩。

我不禁好奇起來，我們家的通靈血脈與誰相關？隨著我對靈界的敏感度更加提升，可以控制能量的回溯，我發現母親的其中一名祖先——位於俄羅斯境內的結雅河畔，是一群女巫與山河結盟的關係。

女巫祖先的不告而別引起故鄉的怨懟和詛咒，因此女巫祖先的後代，總是有某個孩子背負土地的詛咒和業力而死亡。這是很長的緣分關係，一代一代中，女巫的血統持續稀釋，然而山與河的存在如此漫長，直到我外婆那一輩，飄洋過海來到臺灣。海洋與河流，像是淺層靈界中的城牆，象徵一個段落，一個結束，一個全新的開始。

Mulo提醒我，奶奶那兒也是有祖先待過雲南麗江，只是男方祖先是官兵，迫使巫女生子，官兵把苗族一整個村落（包括巫女），全都關入一間房舍內燒死。然而枉死的人們陰魂不散，官兵等人只得抱著男嬰逃離。這位麗江河畔的苗族巫女，既思念嬰兒，又憎恨官兵，山河也思念遠去的嬰孩……男嬰之後的每一代，都會有女性在成長過程被性侵，以及家族內會發生燒盡一切的火災。今生我的家族、我的親戚也是同樣的受害者。祖先之間的愛恨情仇，很容易用同一種方式延綿不絕。

當我挖掘到這一切關係，陸續和含冤的結雅河女巫祖先、麗江巫女祖先交談，也很慶幸這輩子的我能與土地對話。這兩個女巫祖先，都背負強大又愛恨交織的詛咒。牽涉到土地的問題都比較複雜，會談到氣脈和時代局勢的能量糾結，幸好最終都圓滿化解掉了。

Mulo後續補充，我們其實還又混了其他五個部族的巫師血統，古代社會地位相當的人，經常相互通婚。只是祖先巫女們的故事，是最恨也最思念的緣分。能釋放相關糾結與業力，對我與我的家族成員也較好。

我也好奇地問Mulo，臺灣敏感體質的人那麼多，是所有人都有靈通能力的祖先嗎？Mulo又說不是，由於臺灣的土地能量密集，就像是個重心，會吸引相關體質的群體接近。雖然通靈體質會因為通婚削弱基因的力量，但隨著時代更替，中國人潮的遷徙等因素，當擁有這些基因的人們來到臺灣，生了孩子，就像是種子落在對的土地上，再次喚醒通靈的基因。因此，臺灣的人口中，不分種族、文化，差不多有五分之一的人都具有通靈能力。

基因攜帶的條件，也決定了通靈體質的強盛與否。有的靈魂想嘗試通靈人生而喚醒相關基因，有些靈魂不想提高生命難度，寧願保持普通人的身分度日。畢竟通靈體質和能量場偏薄有關，才能夠感受到其他空間的存有。而能量場偏薄的特質，也就容易被壓力干擾、吸附環境壓力，很容易自顧不暇。

靈通的設定

既然靈通是靈魂設定的，因此靈性的成長，在靈界遇到的事情，靈魂就得在出生前設想該如何處置，像是要讓性格沉穩，減少鬥爭性，能夠內觀、凝聚實力。

即使這輩子沒有設定開啟靈通，依然有可能觸發。像是太累、長期營養不良，導致能量場破損——感覺身體某一側涼涼的，穿外套都無法保暖，就是一隻腳都踏入棺材，能夠接觸到祂們，不過接觸到的都不是太好的存有。（我會在接下來的章節探討「精怪」。）

地球是由「競爭性的生態鏈」構成的能量平衡，有些新來的靈魂不懂生態鏈，祂們可能習慣單一物種的世界，就會輕忽地球靈界的問題。有的靈魂覺得靈魂本來能感覺萬物，當人類感知就會不見，實在可惜，不如開著靈通吧。沒料到地球的生態中，多的是侵略型的精怪來騷擾。而人類情緒的壓力，也會導致收訊偏離真相，人心的慾望與壓力被精怪操作。

如果人類沉迷於各種術法，和眾生建立靈界契約的合作關係，被祂們太緊密地依附，可能會導致精神失常，身體被祂們控制。我曾經在一個道場內，見過幾名先天精神狀態不穩定的人求助，就瞥見他們前世都使用過巫術，也與眾生有約定。畢竟這些眾生，很多是幾百幾千歲，只是能量不足以成為人類，但是可以透過契約來附身，滿足「成為人類」的體驗。

Mulo說，開靈通其實非常容易偏離靈魂藍圖的規劃，是難度較高的人生體驗，要同步進行人與靈的兩個世界體驗，變數較多。所以Mulo不敢用輕率的方式探討靈界，免得我和眾生產生合約關係，才會在我性格成熟之後，再來探索靈界。

若以長遠的目光來看——拉到靈魂層次的視角來說，這一切都是體驗，靈魂可以重複檢討與反省。畢竟靈魂有無限的時間，永遠都有機會，再來一次。

靈視力

每位通靈者「看見」靈界的角度與頻道都不同。有的人透過眉心，有的是透過體感，有的是透過心輪，有的是肉眼就能見到。

眾生早晚的數量都一樣，就只是動與不動的差別。能量較弱小的眾生，早上喜歡躲在陰涼處，或者小幅度地移動，像是被太陽震懾住了無法動彈，縮得很小很小，但不代表祂們早上會消失，祂們只是停滯。我曾在香港看到一排精怪蜷縮在路邊，把手伸向群眾，接住人們浮躁的情緒塞入嘴中。到了傍晚，祂們瞬間膨脹起來，像是長條氣球歡快地在人群中穿梭，舔吃人們臉和頭上的壓力。這也是另類清道夫。

還有個說法是：黃昏與清晨時眾生最多，日本人稱之為「逢魔時刻」。Mulo解釋，如果是以肉眼看靈界眾生，就與光線有關。黃昏與清晨的光，因為太陽斜射的角度會放大部分可見光頻率（所以斜射的太陽光會有色彩），擴展了用肉眼看靈界的人們頻道，對上眾生的頻道。加上太陽離開，眾生開始移動和聚集，就會有「變多了」的感覺。

小湛我是透過眉心、心輪來觀察靈界，靈界的資訊也都是透過心輪／靈魂取得。我閉上眼可以感受得更專注、更清楚，能夠知道祂們心懷惡意或者善意，甚至眾生站在牆的另一端，都能感覺到。所以我平時都關天線，也就是遮蔽心輪一部分能量，保留體力。

祂們是能量體，能夠變化萬千，可以說善於詐騙。我的焦點會放在「祂為什麼要給我看？」受傷的眾生能量破碎，深刻的苦痛和哀傷，和「裝出來嚇人」的故意心態，截然不同。

我還是有一小部分是肉眼的感知，顯示畫面約百分之二十，解析度可以調高或者調低，我多數時刻還是依賴眉心輪。有些眾生的狀態很不穩定，偶爾我會多看幾眼，確定對方落在哪個頻道，是亡魂？精靈？精怪？還是其他層次的存有？不同層次的祂們，能量差異不同，需求也截然不同。

我不建議直接用心輪觀察祂們，心輪是我們最赤裸脆弱的核心，或許可以最快感受到祂們的心態，然而我也是遇過狡詐的祂們，直接衝過來攻擊心輪。最安全的作法就是觀察、對話、警戒地檢查對方的狀態，最後才用心輪的力量找靈界資料、給予適當的幫助。

我也不建議人們刻意開天眼（找其他通靈者舉行儀式）／第三隻眼／眉心輪。因為人工開天眼，是把人的能量場（防禦）撕開，讓眾生可以穿透進來，無聊的精怪和阿飄最喜歡找看得到的人聊天，受不了也擋不住。這種破損也會讓運勢、財運都流掉。

很多人只想連結高靈和天使，然而有能力的眾生都忙著幫世界，祂們是消防員到處救火，沒有空跟誰聊天。祂們會把時間集中在解決重大問題上。即使我的靈魂團隊也不一定會回應我，祂們也要忙工作，開會討論我未來的發展。祂們對我講最多的都是：「壞屁寶快點去睡覺。」

我平常就會把事情排滿，都覺得時間不夠用了，也沒那麼愛說話，算是易於保存能量的性格吧。倒是祂們會催促我多出門，要保有人際，別活得那麼孤僻。

通靈與氣虛、能量消耗

民俗有個說法，通靈者會中「孤、貧、殘（夭）」這三種選項之一。當我發現自己是通靈者，對此非常憂心。這是天生的基因，難道我有這個基因就注定要

脈輪＝能量交會處，
穴道亦是
小型的脈輪。
頂輪
心輪
海底輪

當我們把注意力放在心輪，
心輪就會同步集中「天」、「地」的等比例能量。
頂輪、海底輪是外來能量閘道，
真正啟動和運作的引擎是我們的存在、
我們的情感──靈魂錨定的心輪。

照顧自己的情緒，就是在釋放體內壓力，
修補脈輪，帶動自身的療癒力。

指導靈是白光（白翅膀）。

悲慘一生？Mulo對我解釋，因為能跟靈界互動，勢必是雙重消耗。一般人上班只要專心看路就好，我卻會額外看到另外兩三個頻道的眾生百態，我能看得越多，越容易累。

靈通的開關都與靈魂有關。也就是說，能不能保護自己，要看靈魂對人類狀態的理解深度。如前面所言，如果靈魂只是想過最低門檻，卻連人類的生命狀態不夠理解，開靈通就會變成給自己找麻煩。Mulo訓練我，讓我能夠自由開關天線，常態保持省電功能。如果感覺那兒怪怪的，才打開靈通看一下來保護自己。開關和意志力、專注力、身體健康、界線有關。

「我要專心地保護我自己。」沒有對靈界的依賴，還要有強烈的守護自己的心，把注意力放在身上，都可以把天線關起來。常常關掉天線也是在節能省電，使能量保存在體內，加強防禦。如果太常通靈，或者缺乏上述的技術，一旦通靈過度，導致通靈到後來氣虛不已，反而被不好的眾生欺負。

靈通說到後來，都是我的壽命、我的運勢，還有很多金錢無法取代的部分。我還是講求一切回歸於人。即使我跟別人聊天，大部分都在用理智分析現況，極少使用靈通。真的需要使用靈通，都在我能夠保護自己的範疇內，才會斟酌使用。

沉澱出清澈的力量

冥想與打坐、禪修、內觀、僻靜，以上的操作，都是要減少與其他人之間的交流，試著讓個人的情緒和壓力能夠平撫、調整，像是讓水流減緩速度，篩除不需要的雜質。

我曾在靜坐中慢慢地呼吸，當我專注集中呼吸，意識越清楚，感覺整個人都凝聚起來、熱起來。我感覺吸吐的深度，連呼吸都充滿喜悅。我能聽到自己的心跳，感覺到大腦血管的脈動。彷彿全世界都寧靜了，窗外的紛擾都成了幽微的背景音。

我既清醒又放鬆，知覺能無限擴大，也無限縮小。我的身體內外都是明亮的，如果我想要的話，能夠「看」到我的五臟六腑和血液流動的狀態。我在「我的裡面」，並且感受到強大的連結感。這身體不只是個肉體，是由很多世界緊密的情感，像是「愛」，所凝聚成的。

我所認識的靈魂們在我旁邊，面帶微笑地保持距離，繼續祂們的工作，也守護我，沒有打擾我的覺察。我感到無限的自由，彷彿在清澈且寬闊的海中穿梭、新奇地探索，永無止境。當時我與Mulo合一，祂的思想就是我的，彷彿永恆的感受很

心靈受傷，能量場厚薄不均，
形狀也不穩，像是水波蛋。

容易被靈界干擾的能量場，
通常也有「無法接受現在的自己」的心結，
習慣忽視身體的需求，
或者急躁、求速成、沒耐心。

隔絕來自上下左右
的外來能量。
天地的能量
均等來到心輪，
成為世間的
影響力。

理想中的能量場很厚、有彈性，
像水煮蛋白滑溜無縫隙。
生病也只是變薄，不會破損。

美，像是透明的玻璃毫無瑕疵，我不自禁地落淚，覺得滿足與感恩。

我經常練習靜坐，只是坐在床上安靜地呼吸、感受自己，就可以深潛到每一個層次的狀態，那是飽滿而安謐的全視角，我整個都擴張了，圓滿了。人類層次和靈魂整合的力量是很驚人的，滿溢溫暖與慈悲，周遭散發溫和熨貼的光。

我觀察自己的思緒，不做思考，只是觀察，讓情緒流動，感受到每一份情感的存在。到後來，我已經練到即使是在走路、做家事時，也能進入這獨處平靜的狀態。隨時能從內而外充滿喜悅。

當人和靈魂同在，能量會飽滿地橫跨兩個世界，身體的能量場會更扎實穩固。其實只要全心全意地投入自己所熱愛的事情，能量也會如此飽滿發亮，所寫的書、所說的話，都在閃閃發亮。

只是冥想與打坐等等，容易被過度吹捧，例如，慫恿人們只要做單一行為（只要念經／念咒而不思考意涵），就能夠得道升天，以此滋養人們的幻想、妄想，也就是增強大腦的能量。大腦的特質就是目標導向，希望得到利益，能被眾人喜歡和認同。這份「渴望變好」的動力背後，往往暗藏另一個情緒：「恐懼犯錯」。

「恐懼犯錯、覺得自己不夠好」會讓身體緊繃，「渴望變好」成了執著，變成一堆毛線團塞在腦中，上下能量失衡。越想要成仙，或者自稱已經成仙了跳脫輪迴，身體的能量場卻虛弱無比，能量更破碎，好像大腦與身體活在平行世界。甚至有人靜坐到「解離」，這是壓力下人類會有的創傷反應——逃不了，就讓魂逃走了——「意識跳脫出來，俯視自己的身體」，變得冷淡、抽離。

追求「盈滿」卻導致「破碎」，也是太激進了。沒有考慮到「靜下來」需要時間練習。跟自我相處，是一輩子的功課，是耐心地接納和寬容，亦是和解的力量，並不是功利主義的追求，更不是要證明給別人看。

無論什麼行為，或任何想法，再好的東西，如果被過度誇大宣揚，在強烈地追求下，都容易過頭而成為問題。其實只需要放下「求好」的急迫性，能夠有耐心陪伴自己的意願就很好了。

調閱靈界資料

通靈方式，分以下四種：

一、直接閱讀對方的能量場，用自己的能量包覆到對方身上探索。如果閱覽者無法控制自己的好奇心和攻擊性，很可能會把對方的能量場撕破。然而這是最快也最簡單的取得靈界資訊的方式。如果是好朋友之間相互練習，有經過彼此同意，能量相互開啟，就沒有受傷與犯罪的問題。

二、透過眾生得到這個人的隱私，像是與精怪簽約取得合作（俗稱養小鬼）。這類型的合約，可說是最靈驗的通靈方式。精怪沒什麼道德，無視於他人隱私，什麼壞事都能幹，致力服務主人，會給人無所不能的絕對權威錯覺。直到有一天精怪胃口越養越大，主人已經衰弱到無法再壓制，祂們再群起把寄主整個都吞食，使人的能量場衰退甚至病重，接著找下一個靈媒寄生，重複以上模式。

三、到靈界其他的單位找資料，「阿卡西資料庫」便是外星人民營的維基百科或者Google地圖，誰都可以編寫，也能任意刷正負評，民營的單位有四、五家，有的紀錄多，有的紀錄少，基本上沒門檻，可是也不代表資料是正確的。當事者靈魂可以向各大民營資料庫申請保護隱私（人類要請自己的靈魂去申請），使觀眾無法編寫和修改。

四、閱覽宇宙的公家機關資料，收集資料的方式很廣，會記錄一個人成長過程中周遭環境的能量流動、思維流動，包含身體內分泌等變化，可以找到毫秒內的資訊。同時也會記錄指導靈、守護靈的每日報告，靈魂規劃藍圖的每一次編輯紀錄，以及靈界督導等觀察，保有全方面的資訊。然而公家機關很嚴格，你的心態必須要通過審核，才能得到別人的資訊。也是三天一小考，五天一大考，確保你個人的心態不會濫用他人資訊，只會找重點，也有保護他人的心意。並且每次閱覽他人資料，系統都會主動通知當事人靈魂，你也必須閱覽後寫一篇回饋心得，以幫助當事人獲得更多的客觀資料。

當通靈者尋找資訊時，我會看到頭頂出現一道光。若是第一種和第二種通靈方式，光會往自己身邊連結，很容易破壞自己跟別人的能量場。我曾經遇到一名通靈者，才進入他的店，對方的能量場壓過來，急著要搜集我能量場上的資訊，很不禮貌。更過分的通靈者，會用銳利的能量要探索別人的心理，使人感到胸悶、窒息與劇烈疼痛。想透過搜集別人的祕密感到滿足，以至這兩種通靈者的氣場，都容易累積沉重的雜質。當你接近某些人，若感到不舒服和壓迫，請先離開現場保護自己為優先。

「靈界資料庫阿卡西」的資料其實很籠統，連結上去的光較弱，因為上面下來的資訊不穩（這和地球沒有與星際接軌有關，像是基地臺不夠，訊號不足）。如果當事者請眾多靈魂親友來刷好評，也是常有的事。其實不方便拿來理解真實的前世今生狀態，一如寫論文不建議看維基百科編寫，可信度太少。

第四種通靈方式比較安全。可惜得到宇宙公家單位認證的通靈者較少，因為篩選嚴格。如果獲得宇宙公家單位認證，心輪、眉心會有一道金光連到宇宙高處，是很明亮宏偉的光柱，上下能量的交流都很穩固。這種通靈者身上也散發善良與正直的氣場，氣質乾淨舒爽。

如果靈魂本身具有公家單位的執照，但是通靈人類沒有去申請，人類頂多是實習生，像是使用信用卡副卡。就算靈魂願意幫忙給資訊，然而實習生太好奇到為了證明自己，心態以「我」優先，例如只是想「證明自己很厲害」，而不是「我想幫助你」，就會扭曲宇宙公家單位的訊息，連帶會讓靈魂的執照被撤銷，畢竟看管不周。

通常都是靈魂把自己人類的權限鎖起來，介紹人類層次去考執照，那麼不管人類層次發生什麼事情，至少不會撤銷靈魂的執照。

而人類層次要考宇宙公家單位的執照，需要很多的睡眠進入靈界進修，性格越沉穩，身體就有更多的容量可以接納宇宙的力量，作息自然穩定。當然要能「看到能量」，甚至要能辨別能量的結構。

小心謹慎的靈魂，都會在靈界上鎖資訊，也會在公家單位的資料庫再次上鎖，免得自己的資料被濫用。人類層次拿靈界資料的手段若不正當，將來就要安排緣分處理因果，人類的問題就要在人類的層次上解決。如果是用不公平的方法獲得別人的隱私，對方的靈魂有權利追討賠償，像是補貼個人的運勢。

而我說的第二種通靈者，通常當他們的運勢賠償光了，就開始倒大楣，還被眾生反撲。業力的發動都是一瞬間的土石流。這些年我也是陸續看過以上通靈者，就算有的人心地善良，但是急著在靈界證明自己，最後被眾生吃垮，眼神都不是人了，最後病痛纏身，不知流落何方。

其實，就算得到靈界資訊又如何？知道前世人生又如何？能幫助你回到生活上嗎？有太多的人求助靈界，大部分都是要得到安慰，想要得到「唯一而不會犯錯的答案」，像是透過靈界抄捷徑，省下世俗摸索的過程。

靈媒的靈魂們也知道，收取無關者的資訊可能會連累自己，也會在靈界向個案的靈魂索取能量資源以作擔保，於是出現「命越算越薄」的說法。

因此，我從一開始就沒有打算做靈界的諮商，牽涉的危險性和麻煩太多，尤其我得到資料的方式是透過宇宙公家單位的管道，祂們的法律第一條就是「不給無關當事者的資訊」。我家長老也會說：「別人的事情不干你的事。」祂們會封鎖我的權限，就算我不小心看到什麼也不能講，這不在我的權限範圍內。講了我就被記警告。所以我真要講什麼，也是要等事過境遷了，抹掉可以辨識的身分，才能當作我的心得分享。

因此算命啊、通靈這種事情，我還是覺得當興趣就好，別當生活的重點。真的想嘗試，我會建議「有物質介面」的通靈，像是有紙本根據的易經、紫微斗數、星座、動物卦、牌卡這種，「讓實質的東西，擋在肉體和靈界之間」避免直接碰觸靈界，危險性相對較小，是用個人的知識、說明、直覺（通常是我們自己的靈魂）來聯想和解讀。

請避免「做出邀請的動作」，我也不建議靈擺，特別是你「看不到」也無從辨認來者是誰。

即使使用以上的算命介面，我還是要強調，人生是你的，別人說的不等於準確。你的命運是在當下展現出來，你的習性則決定了你將來的發展。若有意識地覺察到自己的習性，命運都是可塑而變動的。

靈界權限

「權限不足」是小湛我在蒐集靈界資料上常常遇到的瓶頸。早期和朋友練習收靈界訊息時，對方說：「Mulo希望你多吃肉。」我很詫異，明明是祂希望我吃素。後來和靈魂團隊開會檢討，原來替我收訊的朋友腦中並沒有「蛋白質」的資訊概念，他的大腦中「肉」是最符合蛋白質的說法。

Mulo安排這場測驗，說：「對啊，我希望你多吃蛋白質食物。我只是希望你知道，我們靈魂希望表達的意思，要看人類的腦中是否有對應的詞彙。如果靈媒詞彙不足，意思就不一樣了。這就是靈界訊息要多加注意的部分。」祂們還提醒我加強詞彙，才能把更多抽象的靈界概念具象化。

Mulo帶我研究網路的靈性資訊。例如政治，靈界祂們的意思是，希望大家別拘泥細節，要有遠觀性；然而收訊者若本身有政治立場，談到某個議題，個人執著就出現。訊息的能量差就會很大，上一句細緻輕盈，下一句充滿仇恨與怪罪。

「再準確的訊息，只要經由『人』之管道理解、翻譯而出，至少一半虛，一半實。更遑論角度相異的人，話語文字即出現多種含意。謹慎你的思考，寬容別人的解讀。」祂們特別提醒我。

我們的存在，就具有能量。即使寫成文字，拍成照片、影片，只要透過我本人「表達自己的思維」，這個「表現」就是一個能量出口。是我和世間連結的管道。我講出來的話，都要承受後果。

個人的氣場會成為充氣墊，講出去的話、寫出去的文章都要能夠穩穩地接住大家，如果造成大家的慌亂了，這是你說的話，你要負責任。「預言」就非常容易造成人心焦慮，不是誰都能講。所以為什麼通靈者知道有些事，但是不能直說？因為只要通靈者當下的狀態，他的身體、靈魂保護的能力還不夠，光「講出來」都不行。一說，就是用自己的身體去扛這些東西，冒著很大的風險。

一般人不會接觸到靈界，大家七嘴八舌地八卦，問題還沒那麼大。可是通靈者和靈界的互動太深刻，很容易就成為靈界壓力的管道。

通靈者的道德標準要遠遠超過普通人，因為承擔著橫跨時空的責任，是靈魂的責任，已經不是「一個人生」的問題。無論如何，都不能因為個人的私欲，例如想要出名，想要得到觀眾，想要誇張的表現，而把別人正在經歷的事情，赤裸裸地寫出來。要懂得保密，保護別人也保護自己。

若是透過其他的眾生給的訊息，這種私人／私靈管道，就不會意識到「權限」。祂們是透過給予訊息，來換取想要的好處。例如吃人的陽氣，或者靠靈訊得到崇拜的力量，當祂們把通靈者視為工具，往往不太會珍惜，通常吃垮一個通靈者再找下一個。

也可以說，「權限」是份保障。靈界的水很深，不只人類要有界線概念，靈魂也要對人性層面有一定的理解。

「權限」可以套用在不同收訊者的身上，也許這個狀況我沒有權限和你討論，但是另一個靈媒或許可以和你討論，因為他的權限夠。而小湛我在靈界的發展方向是「生態研究」，我沒有想管人類的事，我更喜歡研究眾生之間、環境與氣脈之間的結構，探討自然生態平衡的可能性。

萌芽的通靈能力

近年來，有越來越多的人可以感知到另外一個世界的存在。我誠心地建議：「保持觀察就好，不必急著下定義，時間真的會告訴我們答案。」因為靈界很容易因為心念的偏頗與否，造成資訊的差異性。

特別情緒浮躁時——像是焦慮、憤怒、不安，請不要急著收靈界訊息。有壓力的情緒會讓能量歪斜，很容易接到不善的眾生，像是給予錯誤的訊息，刻意煽動你的情緒，產生更多對立、衝突和誤解。雖然也可能會帶給你安撫，但目的是讓你隨時都緊抓祂們不放，使你無法失去祂們，變成緊密的寄生。到最後受傷的都是自己。

靈通這個能力，像是我們身體的一部分器官，需要靠時間練習與鍛鍊。小孩子不可能一生下來就會跑會跳，需要時間慢慢地長大，等肢體成熟，從爬行、站立進階到跑跳，跌倒更是很常見的事情。靈通初期，感覺很模糊、不確定都是正常的事情，不需要強迫「正確」，就耐著性子慢慢地觀察自己的特質，像是陪伴一個小寶寶，請觀察你的焦慮跟恐懼，稍微調適心情的起伏。

我看過太多通靈者，充滿害怕犯錯的壓力，又急著想證明自己的能力，頭部圍繞一股「固執與堅信」的能量，像是自我催眠，變得越來越傲慢自大，越來越想控制其他人，甚至語帶威嚇，使人畏懼，最後活在自己的大腦裡，切斷與靈界的關係，做出更偏激的傷人、自傷行為，也是可惜。

如果不懂、無法理解，那就放著吧，不一定要立刻搞清楚。請給自己一個寬容溫柔的對待。退一步，才能看清楚靈界的樣貌。

若是糾結於收到的靈界訊息，就是過度重視靈界，將靈界視為生命的全部，已經超過了。請回來生活上，把自己的心態穩定好。因為真正能讓我們安穩的，就是吃好睡好，身體健康，最好有穩定的經濟能力，當我們能夠自給自足，也會具有自信與客觀的能力。

如果想花錢進修，我推薦研究心理學，探討關於人性、創傷、原生家庭等因素。我們過去接受的教育和生活方式，充滿對身心的限制。當你越清楚自己的來龍去脈，梳理了糾結與封閉的感受，自然會回歸於當下。

情緒是情感的基礎，當我們能夠認識自己的情緒，讓情感保持流動，在接觸靈界時，也相對不會被大腦的恐懼和固執困住。我們就能夠在看到自己的同時，也看到了別人，看見了萬物的千變萬化。

你的基因，不代表你的人生發展

有通靈體質，不代表你非得進入身心靈行業。除非是前世有承諾，或者祖先和土地有緣分，祂們就會特別圍繞在你身邊。

我也想提醒各位，乩身是個選擇，不是非得聽從祂們。

有的通靈者，內心渴望著被愛，希望有價值感，而眾生們的附著，會讓乩身的匱乏得到滿足。然而有的眾生卻會讓乩身過勞，像是慣老闆希望員工加班保持工作狀態，卻不給休息時間。員工痛苦得睡不好，總是被騷擾得唉唉叫，但是又捨不得離開。

這種強迫加班的靈界干擾，通常是界線的課題，也都伴隨著原生家庭和父母親的依賴關係：像是很生氣父母不關愛自己，很想離家搬出去住，但是又覺得父母需要自己照顧，愛恨拉扯著。如果以這個主題去做諮商，處理掉和父母的壓力，其實在靈界的不健康關係也可以一併解除掉。

我們的心靈有傷口，才會和祂們產生議題。

靈界的干擾不一定非要從靈界做解決，靈界的問題，只是顯化了我們生活上本來就有的現象。

經常卡陰的人通常有「渴望被重視」的議題存在，不管怎麼趕走祂們，還是照三餐又來了新的眾生，沒完沒了。像這樣子的現象，也是要回到原生家庭、成長環境上去解決。

像是關於權威議題，為什麼會有「必須努力證明自己」的感覺？面對不健康的人卻有這麼多的捨不得？沒辦法拒絕不合理的要求？或者，深層的恐懼從哪裡來的？這些都需要花一段時間去探索。

曾經有網友在我的文章底下提出不同意見，覺得通靈者就是要無上限幫忙眾生。我告訴他：「渴望付出是你的願望不是我的，如果你真的很努力付出，你會很專注地付出，根本沒空看我的文章。你逃避你的付出，卻希望我去照顧眾生，那就是你的問題了，與我無關。」

我的生命是我的，我當然能決定自己該怎麼做。如果能全心全意，帶著決定要為自己而活的想法，不再承擔無關自己的責任，你的力量也都會回來，成為你堅實的防禦力，也能夠增加你個人的運勢，開闢全新的未來。

即使靈魂對我們有期許，然而實際在過生活的是人類的我們。人的一生，都是靠自己走出來。我們本就屬於我們自己。

CHAPTER 4

靈界眾生

心連心的世界

靈界像是另一種「網路世界」，連接的是「能量場和意識」。事實上，萬物都在一體內，我們的能量場和周遭環境息息相關，這是「心與心」高度連結的世界，也就是所謂的「心電感應」世界，只有人類的大腦脫離這個層次。如果人們都習慣「用大腦生活」，就沒辦法感受到靈界的精神網絡，或者非要等到身體虛弱，能量場破損了，狀態不好，被不好的眾生纏上了，才被迫用不舒服的方式感受到靈界的存在。

我覺得和人溝通比和眾生溝通還困難。因為人類有「偏見」以及「人類優越感」。也許我們真的太習慣活在人類構築的文明世界裡，所接受的教育和知識，一切都「以人為主，人類說了算」，或者覺得動植物就是智商低，只有「人類是萬物之靈」。

我長年在網路分享靈界祂們的思維與生態方式，我的讀者中不乏通靈者，有些人雖然能看到祂們，但是會怕。我會分享辨認以及保護自己的方法，還有我生活上經常遇到的現象，有親身體驗的人就很有同感。可惜偶爾也會被路人留言：「你這個神經病！你在幻想！」連理解都不願，直接「貶低他人來抬高自己」，以維護他的優越感。

現實是，所有的文化都有和靈界交流的紀錄，像是前篇談及的通靈者，不可能所有的文化都如此有默契地談論另一個世界的存在。人類大腦的思維，或許建設了從未有過的鼎盛文明，讓人類太過自信，也同樣侷限了對人類以外的想像。

現在有越來越多的科學研究，探索人們的情感與靈魂的可能性，都是為了要回到心與心，廣闊的精神世界——因為我們的潛意識都知道，這是我們應有的樣貌。本來如是。人類從來無法獨立存在，我希望成為一道橋梁，表達萬物平等的概念：所有的存在都具有意識，祂們有各種與人類共存的模式，其實與我們互動密切，甚至影響我們食衣住行的諸多層面。

在不久的未來，人們都會重拾「心連心」的本能，那就是近代，有越來越多人們開始有「靈界感知能力」的證明。也許有一天，各位可以把這本書的知識用來認識另一個世界，理解發生了什麼現象，能夠幫助自己和周邊的人們。

精神層次的現象

我依然覺得用「人類的網路」形容靈界，還是太平面了。靈界沒有時空限制，靈界的資訊是，你看一眼就「全部打包下載」，訊息量很大。一個影像中就包含情感和意念、憂慮與在意的事，甚至會伴隨聲光效果。有時候感受強烈到可能一時之間無法分辨是自己的情感，還是來自靈界祂們的感知。影片、照片、文字，只要描述／記錄到「祂們」——就變成「超連結」。就算是過時的也一樣，一旦觀眾閱覽，就像接通管線，祂們便能感覺到，自然能夠「鑽過來」。祂們也喜歡看鬼片進修嚇人技術。所以如果看鬼片，看到覺得「渾身怪怪的」，不意外，那就是祂們來找你了。

通常會主動靠近的眾生，都是有所渴望、企圖，沾黏性較強的精怪，以及人類的靈魂碎片。無論你是否能感覺到祂們，祂們都能來來去去。如果會怕，就避免閱覽相關影片與報導，直接迴避是最快的方式。反過來說，我也能透過影片、照片、文字紀錄等連接祂們。而無害的眾生，像是精靈，祂們都有自己的生活圈和工作，連結過去時會有「防火牆」，也就是「自我保護的界線觀念」。我通常需要敲敲門、打個招呼自我介紹，祂們才會與我交談。

靈界的生態很極端——有文明的眾生個性有禮，祂們習慣和人類保持安全距離，我得表示誠意，表示自己對靈界交際有概念，展現我的心意，才能與之交朋友。反之，沒有基本禮節的眾生個性幼稚，通常不會經過他人同意，也較任意妄為，但是不代表祂們笨，有些還非常聰明，甚至善於詐騙通靈者，像是黑道一樣。

我在接觸靈界以前，總覺得宗教界的說法還不完整。我不只能接觸祂們，而且發現自己的頻道很寬，我能接觸精靈，也能接觸精怪，甚至外星的存有……雖然都是「靈界眾生」，然而祂們的模式很像海洋生態，淺水處的海洋物種和深海溝的海洋物種，生存模式是截然不同的，形狀也差異很大，以至於各種宗教的切入角度不同，看到的祂們也不一樣。

我繼續把焦點放在地球的靈界，光是地球靈界的生態現象，就可以探討很多現象。祂們都是有情眾生，感受鮮明，有的很愛人類，也有的很討厭人類，無論如何都非常地「擬人」。我剛開始也對祂們的生動活潑很不適應，才在接觸靈界初期總是自我懷疑，無法理解祂們怎麼那麼單純？態度直接？後來漸漸習慣了祂們大方的表達方式，也就見怪不怪了。

地球原生種：精靈與精怪

地球的靈界存有，都是精神能量的聚合體。祂們彷彿雲煙，深受地球氣脈影響，能夠輕易地變形。

祂們往往會有一個原始形態，與當地自然生態有關。例如臺灣沒有狐狸，所以其實也沒有狐仙，很多狐仙廟裡拜的都是臺灣當地原生種，例如白鼻心、獼猴之類的精怪。精怪越熟悉人類的能量，祂們的樣貌也能更化作人類。如果還無法控制自己的力量，就會顯得半人半獸，或者是難以形容的煙霧與圖騰、光芒與光點。如果祂們別有目的，就會閱讀人們的思維，變化成人類能夠接受的模樣，像是假扮成神，或者變成嚇壞人類的醜陋模樣。精怪非常喜歡證明自己，並以此為傲。

精靈沒有鬥爭心，精怪則有鬥爭心，祂們都會因為意外，或者衝突與打鬥，導致能量分散，像是魂飛魄散，不一定會死掉。能量只是變得渙散，還是有一個能量核心，可以在地球氣脈的滋養中重新長回來。

如果受到非常嚴重的傷害，祂們的能量還是會崩解，回歸氣脈，像是一陣煙霧消散。「意識」不會消失，意識像是微光一樣，會進入宇宙其他層次的空間，那是彷彿花園一樣的巨大光源，宛如溫暖的火爐，有無數的眾生在其中休養生息。待在這裡直到儲存力氣之後，「意識」再決定到其他的世界發展，這部分就是宇宙的故事了。

精怪和精靈彼此間也有情感，如果非常深愛與珍惜，就會交換彼此的能量，揉合成一個新的個體出現，誕生孩子、共組家庭。精怪和精靈在靈界無分性別，祂們能自由決定陰柔或陽剛的形象。

精靈／陽性眾生

風、水、岩石、空氣、雲霧……所有的「存在」，都能夠成為意識，意識存在久了，即成為精靈，可說是「某個物體成精」的意思。古董、老房子等存在久了亦會產生意識，當意識成長到能離開本體活動，在靈界塑形自己喜愛的模樣，也可以視為「精靈」。

精靈是種類別，範圍很廣，我們先以「存在時間」、「存在地點」做簡單的分類。越靠近地表，接受到越多陽光照耀的區域，能量流動速度越快，可滋養的眾生也越多。能接受太陽能量的精靈，能量代謝也快，意識上較為純粹，沒有鬥爭心。

聽說以前都光溜溜的，
是模仿臺電人員
之後開始妝扮
和求愛。
（笑）
崇拜有力量的
臺電大神（？）

「緣網」是祂們的自稱。

精靈能量乾淨，通常都能飛行，有翅膀，

會修補人類破壞的山林能量。

個性毛躁，有野性，崇拜臺電維修人員，

幾乎所有山上的路燈、電線桿都是祂們的家。

年幼的精靈能量較小，移動的範圍也有限，通常都住在原生地附近不會亂跑。年長的精靈能量較大，能夠四處移動不受限。精靈小至風精靈，壽命約幾百年；大至域靈（氣脈精靈），百萬到幾億年都有。

臺灣常見的精靈，通常都是植物存活超過百年之後，已經習慣陽光的強烈能量，當植物的意識能夠離開本體，或者植物本身死去了，意識可以離開本體移動。精靈還需要地球的載體保護，當精靈有基本的自保技術，產生「想要學習更多」的念頭，就會進入地球的輪迴規劃大廳空間，被服務志工推薦成為其他物種，或者到星際旅遊。

由於精靈的能量輕盈沒有業力，祂們通常都會在其他星球成為高材生，最後帶著滿滿的知識與智慧，回到地球提供幫助。如今地球上很多精靈，其實也是其他星球的留學生，只是這些外星留學生不敢深度體驗，對地球生活還不是很適應。整體而言，地球的靈界還是以地球原生種為主角。也可以說，地球的精靈層次，早就和星際接軌了。

原生種精靈受限於本身成長的氣脈與環境，需要花長時間學習「如何讓自己的能量更大範圍地移動」，像是能夠振翅飛動，或者群體移動，團隊互助，擁有全新的體驗。然而輪迴就像是重訓，不是所有的精靈都喜歡重訓。

如果精靈們願意，祂們會想體驗成為各種生物形態，從生活中得到經驗。「經驗」會使精靈的能量更強壯（充滿更多光），使祂們能夠駕馭困難度更高的載體：像是昆蟲、魚類、鳥類。物種的神經系統越複雜，越能感覺到疼痛與思考，是進階的挑戰。例如痛覺，是能量足夠的精靈才能體驗的，否則祂們會被出乎想像的疼痛感嚇得能量破碎。仇恨跟詛咒也是進階的體驗，是成為人的靈魂才會體驗到這個過程，例如死後的不甘心化作厲鬼。

植物沒有痛覺神經，更像是「驚嚇」，如果能在修剪和摘取植物時，透過心念傳遞你的意圖，加上感激之意，植物都能夠諒解。精靈本身就在「萬物一體」的概念中，能理解生命需要攝食，比較不會記仇，也就不會與人們產生複雜的恩怨。恩怨與苦難的感受才會產生業力。

通常精靈們體驗到痛覺之後，像是當過小蝦、小魚，感受到生老病死之後，就對輪迴退卻了。於是精靈寧願繼續留在原生地，靠氣脈的能量滋養，而不想再當具有痛覺的生命體。

靈異照片中常見的神聖光圈、靈球體、靈光球，以上這些稱號，其實就是群聚的小精靈，每一個光圈都是好幾隻精靈聚集的光。靈球體常見於氣脈豐沛之處，或者是「洩氣」的區域。若家中有病重與快要往生的人，以及傷口太大、身體虛弱的人，也會大量逸失能量。

如果拍照拍到靈球體，代表當區的能量不穩定，這類小精靈忙著吃，可能分不清楚人和能量的差別，吃著吃著就連著人類的能量一起吃了。人類的能量都很沉重，祂們吃了就變成精怪了。理想中穩定、豐沛的能量是集中而且大放光明的，強壯的靈界存有能量不會分散成光點。所以拍到靈球體時，自己心底就要有個底，那兒可能不適合人類久留。

生活中常見的中型精靈

我老家的社區就有房屋精靈，約半身高，屬於房子的意識體。如果附近的住戶有種花種草，祂們身上就會打扮很多花草，甚至插著天線，衣服會是磁磚、屋瓦的樣貌。房屋精靈都很愛美愛聊天，祂們透過學習人類的姿態，來認定自我價值和存在的意義。

如果房子的狀況不好，祂們也會自卑，模樣可憐，甚至會羞愧得不敢跑出來。新蓋好的房子還沒有房屋精靈，房子過了二十年之後，漸漸地就會有精靈的樣貌出現。如果房屋都更了，有的房屋精靈會留下成為新屋的地基主，有的就會跑到其他地區居住。房屋精靈對人類沒什麼影響，祂們只是跟著人類學習生活態度而已。

地基主是一個統稱，多數是具有強烈領域性的精靈或者精怪。有一種常見的地基主偏向精靈，像是綠色的小矮人，也像歐美傳聞的哥布林（Goblin），喜歡待在冰箱或者大型的電器旁邊，並從中獲得能量。戶外的變電箱、高壓電塔附近，也經常能看見祂們的蹤跡。如果是沒有電燈管線的房舍，祂們就不太喜歡居住了。

這種綠色的小矮人對人類有好處，祂們不喜歡其他的眾生，如果有其他的眾生跑到家裡，祂們會兇惡地趕走。小矮人也有權威議題，祂們會崇拜有力量的人類，尤其是屋主，所以臉會變成屋主的樣子，身體還是綠色而且光溜溜的。我老家的小矮人，有陣子變成我的臉，實在難以接受，畢竟祂們渾身肌肉又矮小，太慘不忍睹。至少我搬離老家後，祂又把臉換回我爸的樣子了。

其中一位朋友家，他們家有好幾個地基主：倉庫內卡著的是精怪，廚房旁邊的是對土地執著的古裝先民，客廳玄關旁邊有個綠色小矮人。總之就是各佔各的地盤，彼此感情都不好，住在裡面的人也會覺得哪邊怪怪的。但至少祂們地盤都劃分好了，不會對人類造成危險。

以及，店家營業場合屬於開放環境，無論是餐廳或者百貨公司和店鋪，通常店長或者老闆的靈魂會在靈界發傳單，招收當地的精靈當作靈界的店員，幫忙管理空間內的能量秩序。精靈能量較大，可以趕走精怪，使空間保持乾淨舒爽，也會促進顧客上門。人類的大腦雖然不知道靈界的祂們，然而身體都喜歡乾淨的能量，也容易被店精靈吸引到店內光顧。

當我去超商買東西，或者是去餐廳裡吃飯，店鋪精靈就會幫忙打掃顧客身上的晦氣，也給予大家點餐的靈感。店鋪精靈都很像小小的微光蝴蝶，還套上店鋪的制服，一看就知道是約聘的員工。大部分我遇到的店鋪精靈，都超級會推銷的，會慫恿人衝動購物，所以買東西時，還是多用大腦冷靜想想。而我既然看得到祂們，會問推薦的菜單是什麼？混熟了之後，祂們會主動推薦新產品，告訴我什麼零食銷售最好，也提醒我可以預購新的產品，甚至還警告我商品不新鮮別買，比商人更有良心——當然是混熟了才會替我著想。

就算是銀行，郵局，政府機關等等，有人辦公以及提供服務的區域，都有精靈在旁邊當小幫手。這些精靈在靈界跟工作人員的靈魂都有合作關係，例如引導服務人員注意你，給你直覺找到角落填單的報表。如果人員離職了，精靈也會離職，總之精靈會以「和前輩學習」的角度，用功地在人類的世界成長，邊進修也服務大眾。網路商店就沒有這些店鋪精靈了，網路很依賴店長的靈魂招攬生意技術。

除此之外，大氣層、海洋內，地底下也有各種層次的精靈分布，有的會幫忙鞏固地球維度的能量線，畢竟人類的情緒太沉重，沉重的情緒會破壞維度的結構。維度和生命之間的關係則屬於宇宙的知識。

精靈的生活環境廣泛，求生能力也強。祂們通常一大早就飛到空中，吸收太陽能量與轉化的地球氣脈為食，吃飽後再去上班。與人互助的精靈不會吃人類的能量，祂們都知道該如何淨化自己的生活壓力，經常飛來飛去，像是一團團光暈很可愛，是比靈球體更大上數倍，更敏捷也聰慧的存有。

精靈移動的速度非常快，可以在極短的時間內繞著整顆地球跑。也因為來去自如，我認識的精靈們生活行程表都排得滿滿的，越是能力高強的，越不會在路邊徘徊。有能力的祂們都在當救火隊，到嚴重開發的生態環境，幫忙安置流離失所的眾生。如果要休息，也都是在山區居多。忙碌起來，甚至會把自己隔離到另外一個空間去，避免無謂的干擾。所以能力超群的精靈，在城市內很少見到。

我待過的宗教場合，如果場地主人，像是教主和老師等，若人心態善良，精靈都願意過來提供服務，跟著學習。曾經有熟悉的精靈們飛過來對我說：「湛湛，我們要走了，老師他們的心態越來越不好，變得好醜好噁心，吸引了好多的精怪進來，這裡已經不適合我們了。所以走之前先跟你講一下，下次你來了之後，我們就不在了喔。」

祂們也會捨不得原來服務的對象，可是在精靈的視角裡，如果人心敗壞，會讓整個空間的能量變得混濁發黑，如果精靈不小心沾上人類的沉重能量，精靈就會被影響，甚至被拖下水變成精怪。祂們終究不想傷害任何眾生，能做的就是離開。而精靈離開的位置就會由精怪佔據。

傳說中的精靈

地球上的鳳凰是其他星球的外來種，鳳凰個性獨立、單打獨鬥，不像龍喜好群聚團結合作。而獨角獸、貔貅、麒麟等等，更類似中小型精靈。

我會把龍族歸納為大型精靈，龍族同樣是地球的輪迴載體，需要地球氣脈的滋養，也建立星球維度的架構。龍族像是星球的守護者，喜愛團隊合作，是全球性的組織。龍族在靈界呈現中國龍的長條型，以順著氣脈流動，還有協調氣候變化。龍族都聽域靈的指揮，給予當地需要的風雨能量。

龍族的種類有二十幾種，越是古早的龍，體積越大，大到兩三隻就可以推動颱風和颶風的程度。如果衛星可以看見靈界，就可以看見這麼大隻的龍族四處推動鋒面。小型的龍族像是沼澤龍，能帶來部分地區降雨。無論什麼樣子的龍族，能量都可以繞著地球跑，龍族無論種族差異、體型大小，都會相互支援，龍族之間沒有階級制度。

地球的龍族年歲悠長，平均三千五百年才算成熟，龍蛋有一棟房子那麼大，也由於要吸收大量的氣脈滋養（如果在人類旁邊，就會把人吸乾，但是人的情緒會讓龍蛋腐敗），所以會遠離群眾，藏在荒野有水的地方。水，是物質界的純能量，能夠保存氣脈最純淨的資源。龍族會在水源區群體產卵，並且輪流保護。

地球龍族成年的門檻是兩萬歲，年長的龍族就有十幾萬歲，可以盤據好幾個山頭，小一點的龍族也比房子大。有些龍族還會分身，變成迷你龍和人類互動，像是在頭上盤旋，但是沒辦法長期分身，還是得收回來讓能量完整。年長的龍族過了兩萬歲就會去星際遊玩，可以直接「飛出地球」，太陽系內的每顆行星都有龍族，體態稍微長得不太一樣，主要以流線型為主，輔助當地星球的氣脈流動。

我在臺灣，偶爾會見小龍棲息在正神的廟頂上睡覺（避免妨礙建築下的能量運作），大龍更常在城市上空淨化環境，使人心安定。若要休息，只要一騰空就可以到深山中休養。量販店內的大型水果攤上還蠻常見到龍族經過留下的「氣痕」，龍族喜歡新鮮甜美的陽氣，喜歡在蔬果堆上打滾。

龍族飛行速度比飛機還快，上午跑中國、下午到澳洲，明天跑美洲、後天到南極。也因為需要處理氣候平衡問題，所以格外忙，早上都在上班，傍晚才會陸續回到山林休息。祂們若感到飢餓，會直接飛去有太陽的時區補充能量，我常常見到邊飛邊吃的龍族。

在古代歐洲，曾經有部分龍族化作有翅膀的龍，然而當能量壓縮，龐大的龍族勢必需要巨大的翅膀、體積變小，不變的都是能掌握風雨和能量的能力。實體化的龍族，也就是歐洲傳聞中有翅膀的「惡龍」，祂們希望能減少人類的貪欲，引導人們回歸自然共存的平衡，因此想把人類貪欲的來源——錢財與珠寶都銷毀和藏起來，結果反而釀成更大的衝突，導致更多人們渴望成為英雄討伐惡龍。歷史上，人與龍族沒辦法達成有效溝通，實體化的龍族也被人類獵殺絕種。未實體化的龍族見到同伴與人類衝突之後的下場，也就更加謹慎地隱藏蹤跡。

實體化的龍族顏色多變，龍族會依照當地時區的氣脈改變色彩，像是鏡子映照當地早中晚的金色、綠色、藍色氣脈，包含充滿業力與戰火的土地而呈現的紅色氣脈顏色。黑色則是龍族保持在戒備狀態，把能量收攏、壓縮，也是表現出不信任的迎戰姿態。祂們開心的時候，則呈現半透明又閃亮的模樣。

人類參拜的神明都是中小型精靈，能量小於龍族，只是在靈界中，這些神明精靈會收很多能量次等的精怪來協助工作，讓寺內能量鞏固。祂們嚮往龍族掌管氣候的能量，就會化作龍族的模樣，充其量只是變裝。而且由於沾上了信仰能量，像是和人類有合約，被人類牽絆，無法自由離開寺廟太遠。

只有依賴人類的慾望和信仰能量的精怪需要吃香火。因為祂們太弱小，甚至得鑽在屋簷下躲避太陽的能量，燃燒的香火並沒有威脅性，祂們能斟酌著吃。真正的龍族與小精靈、小精怪化作的龍族，差別可大了。

有些修行者認為自己身邊有龍護法，我也觀察過，看到的多是擬態的中小型精靈。不過，我也見過當事者前世也是龍族，或者雙方有友善的緣分，龍們就當作來探望好友，偶爾照顧一下，送點山林間的純淨氣脈淨化人們，再去忙自己的事情。龍族也很有界限觀念，這是成熟的陽性眾生特質：尊重彼此都有各自的生活要過。

我需要強調：能量強大的存有，不需要人類的供養與供食。祂們強壯、心態穩定，是成熟的大人，有任何需求都能自己解決，還有足夠的餘力來觀照萬物眾生。祂們內在的光自然溢出，有深刻的洞見與耐心，不會強迫你、威脅你、命令你。能夠尊重你任何時刻做的選擇，讓你安心與自由。

如果人們非常渴望得到祂們的照顧與保護，也希望你明瞭，愛你的存有，就會愛你真實的樣貌，並不需要你討好／供養才會回饋於你。有些卑微的態度，來自個人內在的恐懼和沒自信，那就是個人內在的功課，已經和祂們無關了。

精怪／陰性眾生

精怪保有「生物的野性」，思想比較鈍，對世界的理解原始而平面，具有競爭性、搶奪性，以果腹和壯大勢力為優先，還在探索自我的過程。而前者所說的精靈階段，已經跳脫生物性的思維限制。精靈像是樹冠層的和平主義者，精怪像是灌木層中埋伏的掠食者。

精怪通常都是當地的鳥獸死亡之後，繼續依循生前的競爭模式，還沒有打算輪迴，繼續固守於當地。其實精怪與精靈的差別，就是國小生和高中生的自主性。正由於精怪是心智年幼的靈體，處於發洩精力的過程，膽子較大，甚至會享受痛楚和刺激。看似毫無秩序，以各種小聰明、鬥爭、侵佔，爭奪搜集環境的能量，焦點放在關注外界的認同，而非自己的成長。於是注意力在哪邊，能量就在哪邊。祂們什麼都吃，附著雜亂的外在能量，像是髒兮兮的小孩子。有的精怪就會充滿惡臭，彷彿臭水溝，也不懂得挑揀適合自己的東西。

從Mulo的角度看起來，地球所有的精靈，包含氣脈精靈、龍族都是小朋友，小朋友就是要吃東西，才會有力氣長大。吃不是罪惡，只是要釐清進食導致的現象。地球的靈界目前遭逢的問題，都跟人類的狀況有關係。人類情緒的壓力，像是煩惱焦慮和憤怒，屬於濁重混亂的能量，散布在人類的生活區，汙染當地的淺層氣脈。一旦人類的情緒壓力吃多了，祂們就跟人類學壞，接著欺負人類，吃人類的能量。算是因果關係。

萬年前沒什麼人類的年代，精靈很多，精怪很少。精靈之間有自主意識，會照顧弱勢，給予教育和成長的機會，吃的也都是純淨的自然氣脈，環境沒有太多雜質。如果精怪持續地吃純淨地脈的能量，就能擁有穩定強壯的心智，並且進化成為精靈，會具有高尚的品格與意識。

隨著人類變多，自然生態減少，人類散出去的情緒負能量，就成了平地精怪們主要的糧食。相對地，精靈跟著掠取其他眾生能量為食，能量會變雜。整體的氣味、能量與心態，就會退化成為精怪。

我老家附近的精怪們剛開始也是滿腦子壞主意，像是幼稚園內沒有秩序的孩童。剛開始還會欺負我，故意戳我。當我能防禦了，祂們也不敢得寸進尺。隨著常常見面混熟了，我推薦祂們吃靠近山林的氣脈能量。

精怪們發現我不會害祂們，性情就溫順許多，只是個性依舊想撈好處，像是諂媚喊：「大姊您今天真是美豔動人~有沒有東西可以分給我們吃？」真讓人啼笑皆

動物死後對土地仍有眷戀，
就會留在原地，
剛開始還是生前的樣貌。

精怪
Lv.1
(年)

由於保留動物的習性，會想攝食，
如果吃了混雜人類壓力的氣脈能量，
就會變得越來越像人，
沾滿人的晦氣，有了人的習性。

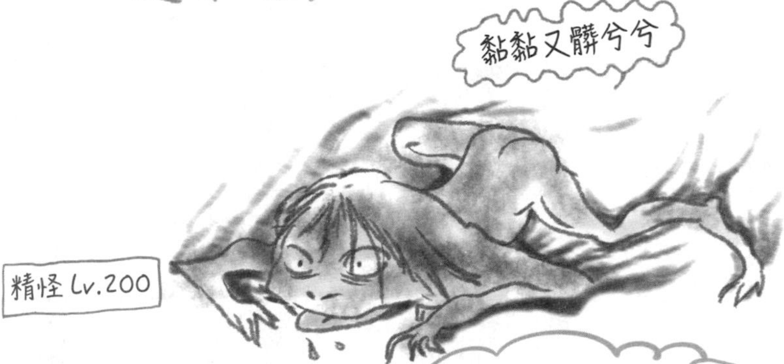
黏黏又髒兮兮
精怪 Lv.200

也會把人類當食物，
徘徊在人類居住地。
這類精怪嘴巴都很大。

考慮到很多人會怕，
所以我們改普遍級！
會走可愛路線！
多幾隻陪你都不怕！

和諧版本
長這樣喔！

非，我就把祂們當作一群油嘴滑舌的小三八。雖然祂們還是會貪吃，至少減少吃人類的負能量，攻擊性也降低了。精怪不完全都是惡意的眾生，祂們只是不懂有其他的選擇。

同樣大小的精靈與精怪，精靈的能量都大於精怪。精靈習慣在白天活動，偶爾會在夜間巡守。精怪偏愛在夜間移動，健壯的會在早上移動，因此兩者經常並存。如果這塊土地生物多樣性變化大，精靈和精怪相對也多。

所謂精怪，也意味祂們的意識與能量層次還無法駕馭人類的肉身載體，但是祂們可以藉由掠取、共生（例如住到宗教場合）來認識人類。精怪不一定想害人，有些精怪安於自己的生活圈，除非祂們的領域被嚴重侵犯，才想要「討回公道」。精怪在人類的生活圈待久了，也喜歡跟在人類旁邊看電視，像是一群小蘿蔔頭蹲在電視機前面跟著唱廣告歌，如果轉臺祂們還會很生氣，也喜歡趴在人類的肩膀看手機。

曾經有人推薦我某歌者唱心經，說能量很強。我打開聽，發現那位歌者的心態像是炫耀，正想關掉。然而聞聲而來的精怪叫著「不要關！」我便轉小聲，把耳機放一邊給祂們聽完。經文有集體潛意識的能量，祂們得到能量後才心滿意足地離開。

如果空房間和倉庫很少使用，特別潮濕黑暗，就會被精怪佔據。進去這種空間，會感覺毛毛地起雞皮疙瘩。其實只要放一臺除濕機，窗戶留個細縫，開風扇或者放小夜燈，就可以減少祂們的佔據。這種會藏在密閉處的精怪更像大型黴菌，祂們其實對小小的能量波動非常敏感，如果只有幾隻並不成問題，累積起來到一個程度，才會讓整個空間和人不舒服。說到底，祂們也只是想要有個「家」，會忍耐著避免和人類起衝突，免得人類找其他通靈者把祂們趕走。

魔與晦氣的聚合物／陰性眾生

魔通常跟人類的集體意識有關係，和一個時代的變化，尤其是戰爭、鬥爭有關。當人類大量的痛苦與仇恨，例如發生戰爭，這些壓抑悲憤的意念集合起來，就會成為魔。

或者一群人非常憎恨、充滿怨念並詛咒著，也會將這股意念濃縮成魔。我之所以會分類在精怪區，是由於魔存在太久了，祂們已經產生了自己的意識，有相當的能量重心，年紀大概數百至千年。也由於魔是在人們強大的負面意念下產生的，惡意是祂們的本質，卻不代表祂們想要去傷害別人。

魔的食物就是人類的慾望、強烈的情緒，像是塞車過後駕駛在路邊留下的晦氣。魔像是清道夫一樣，可以讓整個環境的負能量全部集中到祂們的身上，成為祂們的食物。

小湛我因在靈界受訓的關係，偶爾會遇到野生的魔。大部分的魔都已經被宇宙控管了，會穿上制服背心，協助打掃路邊晦氣清理城市的壓力。偶爾魔會被指派到人的旁邊，祂們只要待在旁邊就好，那身制服可以避免環境的壓力失控，只針對某個人，挑起他內心的陰暗面。

魔只能挑動你心裡本來就有的東西，放大你的陰暗面。例如本來就很貪心的人，有陣子變得更加貪婪，直到偷竊被人發現，而他願不願意認錯，就是人生的轉機——痛改前非，或者繼續貪婪的習性。只是魔終究會挑起人類深層的陰暗面，我早期看到魔的時候，Mulo和長老都要我保持距離。不是魔很壞，而是人類和祂們單純是獵食者和食物的關係。

魔出乎意料地是非常懶惰的存有，人類壓縮的壓力還有負能量，使得魔的能量非常黏稠，導致行動不便。魔的個性喜好躲在陰暗處，不想跟同類互動（競爭性很強），也由於帶有人類慾望的特質，宇宙收服祂們的方式，就是提供免費的打殺電動玩具，滿足刺激與殘忍的本質。大部分時間，祂們都待在另一個空間的收留所，偶爾才會出門執行任務。

雖然這麼講很奇妙，我也是再三確認，Mulo理所當然地說：「地球上有的宇宙星際都有。電動哪裡都是，刺激的遊戲可以拿來管理眾生，也是很好的發明對吧？」真是不可思議，靈界有很多的發展，都突破我的想像。

野生的魔比較少見，但還是有，卻因為多疑和詭計多端的性情，誰都不信。而祂們終究需要能量滋養，就會刻意煽動人們產生更多的慾望，有時候會煽動過頭了，魔或許會吃飽，卻導致人類非常地虛弱，或沉溺上癮無法自拔。所以野生的魔還是需要被管制。我所知道的管制方式，就是宇宙會派地球上的老魔過來，野生的魔沒有養得那麼肥肥胖胖，力氣差很多，各種逃跑的計謀都會被識破，很容易被同類抓住。

魔在地球的靈界生態平衡上，其實扮演相當重要的角色。尤其人類太多了，人類的情緒跟壓力太氾濫，魔就像是龍捲風，看似有強大的破壞力，其實也是讓所有的壓力集中在祂的身上。魔出門一趟回來，就會宅在窩裡不想出門，等身上累積的壓力慢慢地消化掉了，才會願意執行下一個任務。

精怪或許是缺乏食物不得已吃晦氣維生，魔卻是天生就吃晦氣。也能說，魔所有的食物來源都是人類，人類的壓力是祂們的主食。魔很少吃地脈的能量，味道太清淡了，魔算是少數被人類文明滋養的存有。

精靈跟精怪都會怕魔，而魔對祂們一點興趣都沒有。魔不喜歡交際，也討厭聒噪的環境，祂們一點都不喜歡跟其他的眾生黏在一起。魔都有天生的高傲，討厭被干擾還有輸的感覺。

精靈或許會因為經驗的成長越來越大，例如成為域靈管理一整片土地的氣脈流動。然而魔的體型會受限於地球的壓力，我看過最大的魔約六層樓高，這麼大隻的魔，如果在地表會造成嚴重的干擾，所以只活動在地底氣脈深處，幫忙整理人類累積在土地的負能量，推動業力，平衡土地之間的壓力。我在地表上看到的魔約兩百公分內，其實我還滿常看到魔在路邊當打掃阿伯，祂們穿上制服後，白天都可以出動，悠哉閒散地走走停停，協助把穢氣拉向地脈，時間到了就回家休息打電動。

其實很多的星球都有類似魔的存有，由當地眾生的意念聚合而成。魔有屬於祂們的成長之路，有一天當星球的課題結束了，魔也會轉化成為光的存有。

人類的破碎能量

人類的情感來自靈魂，強烈的感受像是煙霧漫布周遭，統稱為「靈魂碎片」。

太悲傷、太憤怒、強烈的情感，會使靈魂碎片更大塊，甚至帶有獨立意識。有意識的「靈魂碎片」分為亡魂與活靈兩種。

亡魂：是人類死去遺留的情緒意識，能量單薄，除了和祂有緣分，像是家人或親友才能見到，有的是前世緣分才能遇到，冤親債主即為此類。一般人遇到的機率很少。

如果人往生時有太多的不甘心，當生命結束，身體像是塑膠袋破了，沉重的情緒也就散落一地，黏附在生前惦記的人身邊。透過殯葬儀式，當親友聚集在一起，可以協助碎片整合，使碎片在親友的祝福中前往光裡。

在我看來，每一個碎片就是一張臉。我甚至覺得「三魂七魄」的說法還太少了。通常情緒越多的人，往生後殘餘在世間的碎片也就越多，導致很多的靈魂，不得不重複在同一個家族內輪迴。有些人就是自己家族的祖先，前世對家族成員有各種牽掛，碎片也留在每一個人的身上，於是就成為後代子孫，再次與家族成員見面，透過重新相處，不再遺憾了，才能取回靈魂碎片。

人死了之後，靈魂與多數的能量都會回到天上休息，只有少數的不甘心、恨意，過度憂慮的不放心等等執著情緒，才會流落地表。執著越重、越想報復與懷恨的意念，非常地沉重，像是上了腳銬的地縛靈。輕一點的哀愁與怨念，則會在固定的範圍以內遊蕩。

自然環境的變化，像是下雨、颱風還有陽光普照，都是自然界的代謝和淨化，會讓亡魂被洗清，漸漸地釋放執著而回到光裡。因此路上不會看到原始人猿的亡魂，近代看到的人類亡魂較多。

我遇見的厲鬼，通常面部發紅、是惡意的怒火紅色，或者憂鬱執著的鐵青色，甚至混著土地黑色的業力，或者以上皆有。成為厲鬼的可能性很多，例如被人拍賣房子、婚變、情變……幾乎都是自殺的，困在生前最後的情緒中。祂們大部分都很寂寞，只要好聲好氣地問：「過去發生什麼事情了？需要什麼幫助？我能為祢做什麼嗎？」引導對方說出苦衷。甚至光是陪伴祂們面對痛苦，帶著同理心，就能讓對方安息。

只是有些厲鬼時間未到，還激昂地想找人發洩壓力，如果祂們還不想走，也沒辦法強迫祂們走，還是得尊重對方的意願。通常能處理的，都是已經想走的厲鬼。這種事情勉強不來。

有幾位厲鬼對我埋怨說：「我已經死掉很可憐了，還有一堆道士乩童要趕我走，我就更生氣、也更有力量，狠狠地修理他們一頓。還好你和他們不一樣，你願意理解我，我真的很高興。」對啊，祂們也曾經是活著的人類，只是需要互相尊重而已。

活靈：活靈就是人身還活著，意識跑出去了，可能短期會回來，或者長期沒回收。甚至是前世的活靈遲遲沒有整合，於是今生需要再輪迴，結識當初執著的人事物，把過去的靈魂碎片取回。活靈的概念和亡魂幾乎一樣，差別只在於是生前就跑離身體，或者死後才離開身體。

造成活靈的因素很多，像是被巨大的衝擊驚嚇到，例如車禍。也有些人經歷巨大的創傷之後，回憶事發現場，自己卻以旁觀的角度回想，這種「解離」亦是活靈現象。

有些通靈者非常著迷於「靈魂出體」，但是過度的好奇和偷窺（以及不想留在體內），導致每一次出體，都使得自己的能量破碎和流失，變成活靈遊蕩在外，身體空掉，運勢也會流失。討厭現在的生活、討厭工作，討厭環境很想逃走；或者感情因素，譬如執著於一段感情和人，追星到痴迷的程度，非常憎恨某人等等也會造成靈魂出體。

活靈會依照當事者本身的生活習慣，在成長的區域出沒，例如充滿美好回憶的舊家，黏在認識的人身邊。如果總是夢到對你有好感的同事，或者總是在夢裡和前男女友見面，因為夢境很容易收到靈界資訊與提醒，這時候可以觀察，是你執著對方嗎？那就是你活靈跑出去了。或者反之，你經常夢到前男女友，而你早就對他沒感覺，就是對方的活靈經常跑來。

人類的靈魂團隊，會幫忙把四散的活靈抓回家，如果執著沒那麼大，可以在幾周內都找回來。但多數時候，我們都很不滿意生活與人際上的關係，能量就容易持續散逃出去。產生的結果就是：注意力分散、記性衰退、魂不守舍、情緒起伏大、沒辦法專心做好一件事情、常常放空、說不上來的疲憊⋯⋯

活靈在外面跑也會消耗力氣，畢竟活靈無法自給自足，還是有個臍帶連回家，使得當事者的身體分攤能量耗損。我甚至覺得隨處可見的活靈，比起亡魂更多。活靈也沒辦法普渡，畢竟對方還是活著的，頂多請廟裡的神（精靈）幫忙，祂們能做的也只有把對方的活靈硬塞回去，但如果對方沒有意識到自己生活上的問題，當事者習慣沒改變，活靈還是會跑出來，治標不治本。

每個人都有靈魂碎片，人生就是在完整屬於自己的拼圖

不管幾歲，每一次生活上的挫折，都讓人分散部分活靈出去。隨著時間累積，分散的能量讓人感覺失去活力，甚至情緒管理不佳，產生強烈失落感，覺得內心有

個黑洞……

有些靈魂碎片實在是太小太破碎，幾乎沒有完整的記憶，只是憑著執著，例如「好想吃大餐」、「想要看美女」、「真想回家看孫子啊」、「希望老闆給我加薪啊」等，被慾望驅動著。以至於亡者／活靈看起來很笨，反應不靈光。而厲鬼就是特別大塊的靈魂碎片，比較聰明，給人的威脅感也格外明顯。

死後殯葬的儀式，儀式的概念成為了集體潛意識的能量，所以頌缽、木魚等震盪敲響的音色，就能活化集體潛意識的能量，吸引周遭的人類靈魂碎片過來，想隨著聲音獲得平靜與安撫。好像一片飛蚊聚集，這麼多的碎片，自然會吸引精怪注意，像是青蛙跟在食物後面一樣。精怪都需要佔地盤比大小，領域性越強的精怪，就越喜歡收集靈魂碎片，像是成為貼紙簿，把靈魂碎片當作盔甲，看起來就會有很多人臉。

大多數時候，只能靠這些靈魂碎片的主人，無論今生或下輩子，意識到要好好療癒自己、照顧自己，帶給自己安全感了之後，這些碎片才會回來自己身上，讓個人完整。如果當事者死掉了，他的靈魂也會安排下輩子，安排機運，把漂泊世上的碎片都撈回來。

我曾經看過一些碎片，會因為一段音樂、一個影像而大受感動，感動會讓碎片發光、充電。畢竟我們靈魂的每一部分都有宇宙的力量，只有被感動了，發自內心地想改變，才可以普渡自己。少有的現象是，某人死很久了，祂的碎片執著太重很難走，也不想走，持續留在世上百年，慢慢地就成精了，會比較聰明。這種阿飄就會收集能量吃——吃了會覺得被安撫，很舒服，但是吃飽不等於想走；也是有這種類型，就是比較少見。總之，所有的靈魂碎片是否要離開或整合，還是要看其本身的意願。

當我們今生的心態足夠穩定，能量飽滿了，我們能帶給自己安全感，就會產生正向吸引力，把自己的靈魂碎片吸回來。隨著能量整合，更有力量，自然回憶起前世的狀態，就像你回想昨天發生的事情那樣地容易。真的回想起前世，再使用同樣的耐心安撫，便能夠整合過去世的活靈——靈魂的能量如此之大，也使得療癒自我這趟路，需要沉著的毅力面對。

整合自己的情緒，回收靈魂碎片，亦是取回靈魂的經驗值，像是整合巨大繁複的拼圖，急不得。請記得愛與耐心共存，無需比較，就以自己能夠的速度面對吧。

人類與眾生共存

當人類大量開發自然生態，精怪們也會產生報復心：「人類侵佔我們的家園，改變我們的生態，我們為何要善待人類？」

有的精怪會挾持活靈或亡者，利用人類意識的弱點——例如渴望愛、想被愛。精怪會在肚子上綁個繩結，套上有這些遺憾的活靈與亡者，是另一種層次的養小鬼。這種精怪與活靈、亡者的能量混在一體，很像異形，偶爾那些亡者與活靈很想掙脫，畢竟這種精怪太強勢太壓迫性，持續有人臉冒出來掙扎，但精怪能量太大了，還是很輕易就可以束縛祂們。這部分就得靠公家單位，像是宇宙訓練過後的精靈來調解。

人多的地方，特別是會激發情緒的地點：電影院（恐怖片、戰爭片，哀傷與悲憤等情緒的產生）、百貨公司（衝動的購買慾、貪念、虛榮感、執著）、醫院（人們的不甘心、悲憤與恐懼，以及亡者與活靈遺留的地區）……這些地方精怪會特別多。不過別怕，人潮聚集處的祂們通常都很小隻，只敢躲在牆角和陰暗的天花板，祂們也會怕人類的陽氣。

不吃人類能量的精怪，就會坦蕩地露出原本精怪的模樣，讓初次見到的人嚇得屁滾尿流。但這種的精怪，都偏好住在深山與世隔絕，甚至痛恨人類，不想和人生活在一起，所以能看到的機率也少。我有幾回到山中玩，突然被這種精怪禮貌地找上，問我能否幫忙處理土地上殘餘的人氣，例如山老鼠留下的貪念穢氣。精怪不一定壞，只是生活的方式與人不同。有的不與人往來，有的與人共生，有的與人競爭——到最後，都是為了生存而戰。

如果精怪認識心性穩定的人類，或者精靈，或者山神等域靈，祂們會發現：「原來生活不是只有混吃等死，也是有另一種生活的狀態。」祂們也會想模仿，想照顧周遭的親朋好友，想變得更強大，想幫忙……每位眾生的領悟性不同，宇宙也是默默地等待時機到來，再擺爛的精怪，總有一天也會厭倦現況而想改變。通常當祂們意識到「我想要做得更多，無論幫自己、幫眾生皆是」，就進入心靈快速的成長期。心態的改變，要從自己裡面開始，發自真心的轉化。

即使人類的我們只是時代中一名小小的民眾，沒辦法在國家和經濟上做出巨大的改革，然而我們在生活上的起心動念，決定了我們排出的負能量多寡。我們照顧自己的方式，也讓所在區域的眾生有了借鏡。即使你只是學習關照自我，就會讓生活環境周遭的精靈與精怪效仿，成為身教，讓眾生知道：「人類不是只會丟情緒垃圾，也會有為自己情緒負責的人類存在。」

那麼祂們也會試著多覺察自己，提升悟性。你的改變會帶來周遭生態的改變，像是水滴入塘產生漣漪，漸漸改變居家環境與周遭所有的氛圍。穩定自己，就成為一股錨定世界的力量。

CHAPTER 5

地球的氣脈與生態循環

小湛我經常和Mulo整合，也連帶記起各種靈魂層次的記憶，尤其是星球氣脈和靈界生態的平衡。身體的元素由地球構成，靈魂的感情——身為人類的我們的感受，牽動神經系統、大腦認知，內分泌等變化。可以說，靈魂是藉由成為人類，透過操作身體，也練習運用身體的自癒能力，以融入地球的生態環境。

正由於地球的氣脈比純能量的精神世界沉重，如果靈魂不善於處理人類身體的能量，也就是不善於處理情緒壓力，身體就容易因壓力累積淤塞，導致氣脈的能量在人體內打結，形成「負能量」。太多的壓力（環境雜質），會使整個人的能量場呈現混濁、灰黑的低彩度現象。只要我們理解地球的能量特質，知曉氣脈與生態關係，就能妥善利用星球既有的自潔能力，幫助人生代謝壓力。

地球的氣脈

地球的能量場不僅只有磁極，在靈界層次，我會把地球的能量稱之為「氣脈」。大氣層、海洋、陸地以及板塊以下，都屬於地球的氣脈，地球的氣脈有疏密之分。地球氣脈會因月球、太陽，以及其他行星之間的引力而有細微的變化，而氣脈的變動帶來星球的時代議題，挑起地球眾生的身心狀態。

古時候的華人應該能看到氣場與氣脈的動向，才會留下這麼多與氣脈有關的資料。老祖宗用天干地支來算日子，所謂的地支：鼠牛虎兔龍蛇馬羊……就是形容地球氣脈在各種時區段的特質。太陽影響地球氣脈深遠，陽光照射在地表，或者穿透地表影響到地球另一端的氣脈，太陽和地球的關係決定了氣脈的變動。

每一日的早晨，太陽都會將地球的深層氣脈淨化、分解雜質，轉化為純淨的正能量。隨著陽光偏斜，熱度消失，夜晚沉降的氣流收集地表所有生命體的壓力，往氣脈深處沉澱、傳送。在肉眼看不見的地底之下，地球氣脈彷彿巨大的河流沖洗、擠壓，將眾生的負能量壓力碾碎，以待清晨陽光的轉化。正能量、負能量，是這顆星球的動脈與靜脈，缺一不可。

氣脈的運作方式像是潮汐，記錄地支順序的應該是黃河一代的先民（約北緯30～35度）。如果靠近赤道或南北極，氣脈的流動就稍微不太一樣，但也不會差太多，就是某個時段的特質會拉長或縮短。

虎年（寅），意味氣脈會有極大的沖刷和淨化，平常就有照顧自己的人能獲得極大的轉化（淨化），反之就會辛苦許多。卯年（兔）代表過去累積的大環境因果都將浮現檯面，過去忽視與逃避的，或者努力累積的，無論好壞都將一一呈現。如果了解氣脈的運作與規律性，也能知道將來時代運勢的發展。

木質軟的樹木會沿著
當地的氣脈生長，
所以彎曲的樣子變化萬千。

●子（鼠）時（23點～01點）：氣脈緩緩流動，像是河流正在分層沉澱，也正在碾碎白天眾生的情緒雜質，如老鼠一小口一小口分吃食物一樣。

●丑（牛）時（01點～03點）：挑掉雜質的氣脈，將細碎的部分凝聚起來，成為寬厚穩定的氣脈，如同牛一般穩重扎實。

●寅（虎）時（03點～05點）：厚重的氣脈堆疊起來，彷彿瀑布用力沖刷，非常激烈兇猛，如同老虎具有侵略性。身體不好的人、心思浮躁的人會因為身體無法負荷氣脈強大的洗刷而甦醒。反之，身體強健的人在這個時段深眠，能夠獲得深層淨化與安撫。熬夜的人在這個時段最傷身了，體內的陽氣（意指結合太陽能量的氣脈，活躍的生命力）和此時壓縮的氣脈劇烈衝突。

●卯（兔）時（05點～07點）：太陽的能量在遠端醞釀，減緩深層氣脈的流動，像是兔子小心翼翼地鑽出草叢，氣脈開始往上移動。

●辰（龍）時（07點～09點）：太陽升起，氣脈被大量轉化為陽氣，翻騰的雲霧和陽光，也是龍族的食物來源。這時刻被陽光滋養的氣脈——陽氣，是最極盛和純淨的時刻。這股能量就如同龍群強大、震懾人心。同時也意味進入全新的、可能是措手不及的階段。

●巳（蛇）時（09點～11點）：太陽來到一個高度，多數的氣脈能量都被陽光轉化了，剩下的氣脈相形之下也變細微，彷彿龍族縮小為蛇一般，雖然有力量，卻沒有前一個時段驚人。

●午（馬）時（11點～13點）：地表的氣脈像是馬群，隨著眾生們的活動，陽氣一團一團地四處移動，非常活潑有力量。這個時刻的土地氣脈能量其實是一天當中最弱小的，因為地球沉重凝結的氣脈會在太陽的另一端凝結聚集。空氣中都是陽氣居多。午時是熱對流最強的時刻，在濕氣重的環境（例如臺灣），上下強烈的對流，會使得人像是夾心餅乾，被環境的能量壓縮，容易煩悶與壓抑。濕氣小於百分之五十的乾燥氣候，午時人的精神會更渙散，難以集中注意力。

●未（羊）時（13點～15點）：動植物等生命體大肆享受陽氣，陽氣被分食，像是叢草被羊連根拔起。這時候的陽氣依然一團團，像羊一樣，卻比前一個時刻小多了，活動力也減弱。

●申（猴）時（15點～17點）：空氣中僅存的乾淨陽氣不多，這時刻的陽氣非常分散，像是頑皮的猴群四處亂跑。

●酉（雞）時（17點～19點）：太陽完全離開了，陽氣幾乎都沒了，陽氣像是雞啄食的稻穀一樣小。同時氣脈往下沉澱，濕氣開始累積。彷彿雞隻從樹梢飛往地面，準備回家休息。

- 戌（狗）時（19點～21點）：氣脈持續累積，越來越有厚度，也參雜白天眾生們的情緒，有太多雜質了，彷彿狗群擾動，並不安寧。
- 亥（豬）時（21點～23點）：對應午（馬）時（11點～13點）的能量，持續往下壓縮、濃縮的氣脈非常厚重，如豬的體格與性情一般肥沃、安定。

子（鼠）時是地球氣脈分解生物壓力的起始，辰（龍）時是地球氣脈快速轉化之刻。因此人們最好在子時之前入睡，讓身體最沉重的壓力在熟睡期澈底釋放，並在辰時起床，讓剩餘的瑣碎壓力被太陽轉化。

上午的能量最乾淨清新，人也最沉著穩定，適合做重大決策，適合安排耗腦的工作。午時的太陽能量最烈，生物的能量場會被壓制，植物也會在中午合攏能量小眠，因此中午適合休息，什麼都不做。勞力的工作可以安排在下午，對應氣流下沉，累積的壓力更快從體內排放出去。

也由於氣脈會在晚上壓縮，平常心浮氣躁的人，會因為氣脈的凝聚下壓，浮躁的能量被整平，能在晚上專心工作。然而作息長期顛倒，從大氣層到陸地、到板塊這個長距離的氣脈壓縮，不是人類小小的身體能對抗的。

白天睡覺時，應該往下沉澱的身體負能量，卻被環境躍升的氣脈往上衝，卡在身體內動彈不得。陽光只能分解夜間氣脈擠壓碾碎的壓力，陽光無法完全分解人體卡住的壓力。於是長期日夜顛倒，人的身體缺乏氣脈的滋養與調適，健康當然會出問題。因此失眠、睡不好、夜貓子體質的人，建議找中醫調理身體，或者搭配運動增加活動量，尤其加強肩頸放鬆，改善身體循環，身體放鬆了才好睡，讓身體能夠跟上星球的代謝，定時更新能量場。

滿月除了會帶來漲潮，也會牽動氣脈的浮動。膨脹的氣脈亦會將人們內心深層的壓力擠出來，導致更嚴重的焦慮、憂鬱和失眠。其他眾生層次也會有類似的現象，像是變得更好鬥、具有侵略性。有的人則呈現更亢奮的狀態。容易累積壓力的朋友，請記得在滿月前後，給自己安排放鬆與保養的行程。

※天干是宇宙（太陽系）的能量流動，不算氣脈系列。

氣脈的色彩

地表的濕氣，與土地深處的氣脈有緊密的關係。物質界中最像能量的就是水。

山上濕氣重，水氣的升降更能顯現能量的特質。

當陽光照射新的時區，巨大的熱能翻起潛伏的地氣，陽光所到之處，將每一塊土地快速充電，不到一小時，深藍色的氣脈就會被陽光轉變成金光，輕盈地飄散空中。轉化的金色地氣成為地球精靈的主食，滿滿的正能量隨風吹往世界各地，喚醒陽性眾生（人類、精靈）甦醒。

隨著太陽持續普照、加熱地表溫度，即便山嵐消失了，地氣依然持續上升，太陽升起兩小時後，大地暖和了，大自然中的精靈們就像來到菜市場，吵吵鬧鬧地搶佔最高的位置。植物也在盡情地吸收陽光，轉化陽光能量。樹木會透過深根帶上深層氣脈，協助大地加速轉化能量。生命參與的過程，會使地氣呈現非常漂亮的澄澈鮮綠色，生命力與能量兼具。

正午是太陽能量最強烈的時刻，太陽加強代謝氣脈深層的負能量，淨化星球承擔的壓力。當這股陽光能量穿透地球中央，結合氣脈，在午夜地區湧出，促使靈界眾生進化，是靈界最滋補的營養，這是畏懼太陽直射的精怪理想中的主食。比起強壯的精靈，精怪這種能量弱小的陰性眾生，非常依賴地球氣脈的滋養。

約下午三點，陽光稍稍減弱，隨著眾生的活動量來到高峰，生命彼此之間的互動、競爭，各種情緒的發散不一定是愉快的。眾生們的生存壓力、負能量，使得地氣的綠色灰濛濛。太陽的能量開始減弱，陽性眾生們累積的情緒壓力，正好是陰性眾生的糧食。約四點之後，陰性眾生慢慢地出現，陽性眾生準備回家休息。

當太陽消失，活躍已久的陽性眾生準備休眠。地氣夾帶一整天的雜質與濕氣結合，地氣顯得混濁陰暗，夜晚是地氣沉澱的時刻，陰性眾生就像是自然界的清道夫，猶如細菌與微生物，開始分解環境壓力中的情緒壓力。

陽光消失於地平線，地氣持續沉澱、下降，失去陽光而轉為氣脈原本的藍色，有時候仍帶點綠意，這要看當地的生態模式。臺東都蘭即使晚上九點，地氣還是乾淨的藍綠色，非常漂亮。但是在臺北晚上七點過後，幾乎看不到綠色，藍色的地氣顏色變得非常陰暗，混雜人類的負面情緒與壓力。

地表的氣脈隨天黑之後持續下沉，沉到地底之內，深入肉眼不可及的地方。氣脈彷彿地下水在深處匯集，穿透和洗滌土地，直到遠離任何人造建築的地基與管線。氣脈的能量有湍急也有緩慢之處，星球會透過各種層次氣脈的沖刷，引導其他時區的金色氣脈衝盪深藍色的氣脈，把負能量雜質分層，宛如磨損巨石，化為鵝卵石，再化為細沙與粉塵。

星球內部的岩漿流動，也是一種自潔機制，攜帶另一種能量品質，持續地分解生命們在生存時經歷的苦痛，也就是消化「星球的業力」。只是地球本身能消化的量還是有限，就得依賴生命們透過輪迴，安排生命議題（像是承擔家族業力），加強星球內外的能量代謝。

紅色與黑色的氣脈是能量阻塞的現象，通常與時代議題有關。紅色是黏濁不透明，彷彿岩漿般帶著火光，潛伏危險的不安。預告大規模的自然浩劫將要發生，例如戰爭前夕、森林即將被焚毀，當地氣脈就會轉紅。黑色是紅色慢慢加深形成的。黑色就是業，業的顏色是黏濁的，難以流動。業經常參雜生命的沉重情緒，尤其是恨意與死亡的苦痛。特別是戰場上，氣脈彷彿黑色的顏料潑灑。

如果原本的地區氣脈生命力旺盛，像是熱帶雨林，人為的砍伐破壞尤其是焚燒，焚燒對土地殺傷力極大，除了造成土壤鹼化也破壞微生物群，被燒死的生物和失去家園的無形眾生，都會產生強烈的悲傷與憎恨，如此強烈的怨氣，導致當地氣脈淤堵卡住，使氣脈變黑的範圍更擴大。

在布滿黑色氣脈中種植的經濟作物能量，業會被植物吸收，當產品賣出去販售到每個家庭內，就是人類的「共業」。同理，開採礦石、石油與天然氣、貴金屬等等，都會造成同樣的結果。當人類過度開發其他生命的棲地，生命的悲傷與痛恨都會讓氣脈阻塞，破壞星球的能量循環。

靈界眾生們的顏色也與地氣有緊密的關聯。例如風精靈，早上晒到陽光的風精靈是金色的，晚上的風精靈是清澈的氣脈藍色，而早上的風精靈會膨脹成晚上的五倍大，晚上就會縮回原本的尺寸。不同時間淨化環境的風精靈，會對應當地氣脈的顏色。精怪也是，沒有吃人類情緒、不受城市壓力影響的精怪，以氣脈為主食的祂們會呈現清澈的藍或者綠色，品行也好。吃了人類的壓力與能量，精怪也跟著變混濁陰暗，偷拐搶騙樣樣來。

人類的亡魂、靈魂碎片亦是相同的道理。剛剛死亡，沒有執著很快會離開的，呈現淺淺的藍色；充滿對生命執著的魂魄，因為龐大的生命情緒雜質，而呈現混濁的藍綠色。如果是厲鬼，具有濃厚的怨氣與憎恨，則會呈現紅色與黑色。

氣脈精靈

「域靈」是小湛和Mulo討論出來的名詞，代表土地的意識、氣脈精靈。亦可以視為「風水寶地的聚集之處」。域靈是幫星球整理氣脈流動的幫手，域靈也有分整理大氣和磁場的、海洋內的、地殼和板塊內，或者其他維度更深入的部分。地球上所有的氣候變化都是域靈們協調發生的，地球每一個氣候現象，都是為了平衡星球內部的壓力。

長老會教我家附近
的域靈進修。
整理乾淨的大小域靈
就好像綁上閃亮的蝴蝶結。

既然域靈是氣脈精靈，經常會在地底下跑來跑去交換氣脈資源，通常不會超過一個縣市的距離。然而如果有必要做資源的交換，也可以從地球的一端跑到另一端。

搭飛機的時候我從窗口往下俯視，可以看到很多氣旋中心，這些能量中心就是域靈主要的工作環境，透過地形、陽光、風和雨，域靈把集中的能量分散給周遭的動植物，滋養生命的成長，加強環境壓力的代謝。山神也是域靈的一種，祂們與大自然、植物、動物們最為密切。

從古至今，域靈調節自然生死秩序，就是大自然本身。域靈年紀最小也有兩三萬歲，我最常見到的是十幾萬歲，年紀最長的域靈是兩億歲。年長的域靈說，祂們漫長的年紀中看到的人類，就像是一群突然冒出來的鬧哄哄小鬼頭，焦慮、繁忙，充滿各種壓力，文明與科技進展又快速，域靈就像老人家們，有點摸不著人類困擾的問題，像是有世代差距。人類通常不是祂們處理的部分，因為人類的生活幾乎獨立成為一個系統了。人類散發的壓力才是祂們後續要處理的部分。

域靈為了配合當地文化的治理，在都市內，管理範圍也和地圖上的行政區域大致吻合，這是因為都市內的壓力太大了，一條街上小域靈很多，忙著分工和相互幫助，小域靈會整合資訊給大域靈，調整區域能量。離都市越遠，域靈的壓力減輕，管的氣脈範圍較大，就不需要分工，甚至好幾座山都是同一位域靈在管。祂們會視環境的開墾程度來相互支援。

域靈在地球待久也會厭倦，超過一定歲數都想要去其他世界增見聞，就會被地球蓋婭推薦到其他星球旅行。域靈還是屬於精靈，得在好幾顆星球體驗後，才能擁有成熟靈魂的質量。

有些人的靈魂來地球體驗，除了會先當龍族、精靈試試水溫，有的也會嘗試當域靈，照顧某個地區的自然氣脈能量和有形無形的眾生。靈魂想要當域靈，也是在靈魂輪迴規劃區申請，經過審核與通過後，靈魂會披上一層漂亮的綠色氣脈能量，完全融入當地，一待就是數萬年。

地主靈

當人們與土地的緣分牽絆越深，在集體潛意識的影響下就會創造地主靈（第七章就會討論集體潛意識）。地主靈屬於中小型精靈，是人類信仰賦予的神明角色，如果蓋了一個土地公廟，就會由當地某些中小型精靈／精怪擔任。

地主靈會因為當地區域的人類心態，而有性格上的雷同點。例如臺北人口密集，信仰多元，地主靈們就較雜、較小，隨著當地氛圍，心態較有競爭性。而臺南的地主靈，帶有日據時代的紳士貴族感，彷佛阿公穿著棕色條紋西裝溫和有禮，又帶有舊時代的威嚴感。臺東我所遇到的阿美族祖靈們偏向山林化，帶著桀敖不馴的自然壯闊之美感，更高大，能量幾乎與環境融合。

如果說人類的壽命只有七、八十年，地主靈很多都是幾千甚至幾萬歲的，我們才是過客。如果用不禮貌的心態觀光，亂丟垃圾，或者輕浮地大肆喧譁，有的地主靈會故意讓外地人諸事不順。

若硬要以影響力和靈力區分，當然是域靈最大，只是域靈不習慣管人類事務。我有幸到蘭嶼，就聽到青青草原的域靈向我提及千百年前，當地住民的家族和信仰的故事。

影響力其次的，才是地主靈。有些地主靈的能量比人類信仰神祇還大。或者，有些地主靈本身就是人類信仰的神祇（第六章會討論宗教和信仰能量的運作），要看區域與人口信仰的密集度。人類的信仰能量，只能處理和人類有關的事情，例如亡魂、已故祖先的狀態，但是精怪的問題不在其中。精怪和大自然，也就是跟域靈有關。精怪善於鑽到氣脈底，很會閃躲，人類的信仰都在地表，管不太到地底下的世界。

然而不管在哪裡迷路，保持謙虛客氣的心態，可以輕念：「請附近的域靈帶領我去想要的地方／前往安全的區域。」祂們都很樂於照顧有禮貌的人類。

煞氣

我參加過長輩的葬禮，「起棺」的時候要迴避以擋煞氣，煞氣就是卡在「空掉的人體」內的地氣。理想中的氣脈應該保持流動，但是靈魂走後，氣脈就填充在遺體內，停滯的氣脈會滋養與充滿陰性眾生，像是腐水生蟲。

「起棺」透過有陽氣的壯漢拉離地面，會把這股累積的陰氣擠出去，如果站在遺體前方，這股衝擊可能導致個人能量場破損。畢竟地氣非常壓縮濃密，就像刀子銳利，更何況充滿吃人能量的蟲子，無論哪方面，對活人都具有破壞性。

靈界的居住環境

人類的層次看到的地球是穩固的扎實球體，但在精靈跟精怪們居住的場域裡面，氣脈是流動飄移的。

在靈界眾生的感知中，今天山會在左邊，明天山已經飄遊在右邊，大後天山繞到後方……隨著每一天氣脈的流動不同而有變化，這可能跟下雨、出太陽、颱風有關。氣脈會時而湍急，時而放緩，總的來說，氣脈會在一個固定的空間內循環交替。

當地生活的精靈跟精怪都習慣住家附近氣脈的流動，外來的眾生就很容易迷路，祂們可能不小心混在相對髒的氣脈裡面，而顯得一身臭氣；或者涉入淨化當地的乾淨氣脈裡面，而汙染了當地的氣脈，因此被大家追打，這種事情也時有所聞。

不熟悉當地氣脈的存有，在靈界非常容易迷路。尤其在颱風天或強大的暴雨過後，當地的氣脈都會被重新安排，在地眾生出門丟個垃圾，就發現整個家已經飄走了。更不用說外來的眾生，祂們非得需要當地眾生當嚮導。因此大部分的精怪都不喜歡外出，避免在強烈的氣候中移動。

我外出時經常撈到迷路的祂們，或者幫忙把卡在汙濁氣脈裡面的祂們挖出來，順便請域靈加強這區的能量淨化，看看是哪個環節的氣脈塞住了，一起想辦法疏通。我的靈界兼差通常都與氣脈有關。

在精怪和精靈的世界裡面，祂們轄區分明。精靈的能量比較輕盈，可以飛得比較高，大概十層樓以上的高度，相對方便繞過混濁沉重的氣脈而不沾身。精怪就不同了，祂們會透過掠取其他存有的能量為食物，因此身上雜質太多、太沉重了，就算有些種類可以飛起來，頂多離地表四層樓高。所以精怪的活動還是以靠近地面為主，而精靈們能飛就飛高一點，盡量遠離地表上沉重的濁氣，或者就直接住到山裡跟河岸邊。

通常靠近水，像是大面積的湖泊，河流還有海洋，氣脈相對穩定，不會產生混亂的濁氣漩渦，所以大部分的眾生都喜愛居住在水邊，因此我個人避免在夜晚靠近水邊，免得干擾祂們休息或覓食。除了地表，地底之下也有其他的靈界生態，但我很偶爾才會接觸到深層氣脈下的存有。

做風水

華人習慣找風水之地土葬，以庇護後代兒孫。這個機制其實牽涉到集體潛意識和氣脈的關係。所謂的風水之地，就是域靈集中力量的寶庫。域靈會把從四面八方匯集的能量，成為滋養精靈與精怪、動植物的能量，透過土地、風和雨水，輻射線往外傳播。就像是氣脈銀行，所有最好、最珍貴的資源都儲存在這裡。

如果將先人埋在此地，隨著遺骸漸漸腐壞，所有儲存、保留在人體的思維以及沉重的情感，包含執著，也都會融入大地，在當地加入大量集體潛意識的元素。

因此會出現兩種可能性：入土者本身心態良好，沒有太多的執著、慾望和恐懼，他人身對家族的愛、關懷、善意，會在氣脈、集體潛意識的推湧中被「放大」，使兒孫獲得幫助。然而一個家族能承受的好處並非無上限，當遺骸腐爛光了，四、五十年後影響力也會消失，人是無法拿走超過自己能得到的。畢竟這個風水寶庫的資源是要養育眾生，不是給你一個家族獨佔私吞，這時通常家族內就會出現一個「敗家子」，或者有各種意外，把所有透過祖先獲得的資產都揮灑光光，甚至欠一屁股債，家族成員之間雞犬不寧。畢竟過去佔得那麼多好處，將來就得辛苦一點還回去。

若往生者生前性格扭曲、仇恨、暴怒與執著、報復心強，當地的氣脈會被汙染，就像墨汁滲透，使周遭幾里內的精怪與精靈大受影響，會造更多的業力——而且是會歷代傳承的家業。或許剛開始遺體被潔淨的氣脈沖刷，當下會帶給兒孫好處，可是隨著汙染擴大，無形界之間的鬥爭最終都會集中在當事者的墓地，使「祖墳出事了」，家族雞犬不寧，暴力、血光之災等等都顯化在生活上。也許有道士與通靈者可以介入，壓下眾生的怒火，但是我用的詞是「壓下」，最終的解決之道只有遷墳一途，因為土地帶來的災禍已經大過於好處。若堅持不遷，這個家族未來也就不定時會再重演類似的衝突，甚至造成嚴重死傷，絕子絕孫。

過去的貧窮人家只能找塊地埋了，也慶幸如此，這些墓地不至於造成土地的壓力，也不至於影響眾生，更不至於影響到後代。現在普遍使用火葬，幾千度的高溫一口氣把人燒光，只剩下骨灰甕，能影響環境的效果有限，好人和壞人也都沒差了。

看風水，不過是提前預拿未來的資產。很容易會因為人們的短視近利，貪得那短暫壽命中得到的好處，而看不到無形層面影響的範圍廣度。拿多了，是要連本帶利地還。

香港的建築都在做風水，各種細節上都在竭盡所能地把好的能量收進建築，以至於道路和廣場的氣脈都是「乾癟」的。氣脈不只在地底，也存在地表、大氣中。在臺灣，豐沛的能量會穿梭各處，也會淨化環境，降低城市中的壓力。當所有人都在做風水，把所有的好處都拿光了，就沒有一絲一毫乾淨的能量沖刷充滿壓力的都市，以至於大家都會明顯感覺到「香港的壓力好大」、「有種喘不過氣的感覺」。

臺灣的信義區101大樓風水也做得很嚴實，如同我在香港看到的問題，一旦把資源都往大樓內送，犧牲的就是整體環境的氣脈，甚至連當地的域靈都在萎縮，比一般的域靈還小，很是疲累。每次經過看了都非常心疼。

當我越深入靈界，就發現我過去所做的決定，其實冥冥中都有被靈魂保護、引導。我安於簡單，想要什麼就靠自己的努力獲得。反而不求名利，安於生活的人們才是穩定社會的基礎力量。簡單就是福，平凡就是福。如果人別那麼貪，那就是在造福世界了。

能量沉積區

現代人類太多了，尤其城市中，人與人之間日益摩擦，心性也就不穩定。負能量增多就會從頭頂的頂輪滿出來——理想狀態下，負能量應該是被自己理解、轉化，透過雙腳接地氣排出。

未經消化的負能量太沉重，會堆積在路邊慢慢下沉……甚至不只路邊，如果居家環境附近有賭場之類慾望橫流的場所，或者過去是刑場，充滿群眾的壓力和恐懼跟焦慮。無論在任何地方，累積的負能量，都會沿著建築的地板、天花板、牆壁、鋼筋水泥，持續地往下沉。

人類未消化的負能量，會沉澱在距離地面約兩公里的範圍內，再更下面會有地球其他層次的氣脈流動，類似強勁的季風阻擋這些負能量繼續往下滲透，也是確保人類的影響只有地表幾公里。我把這兩公里的範圍稱之為「能量沉積區」，也就是人類情緒的垃圾場。

我們在地表的垃圾場內會看到蒼蠅、蛆、蟑螂、蚯蚓、大量的微生物，各種食腐性的物種來消化分解人類的廢棄物，那麼地底下的「能量沉積區」亦是。「能量沉積區」會吸引許多的陰性眾生——我把陰性眾生分類為「能量弱小、構造簡單、需要吸取外來養分維生」的存有，有些比精怪還要小，就像黴菌以及寄生蟲，透過分解與腐爛的過程得到養分。於是人類分布的環境地表之下，也居住了一群人類肉眼不可見的存在，替我們分解、淨化人類產生的情緒壓力。

我養的老貓腎衰竭末期，中西醫的醫治方式都試過，Mulo和長老提醒我該放手了。我唯一能做的就是安寧照顧。當我陪著老貓一起面對死亡過程，看見老貓的心輪放大光明，那是前所未有的耀眼金綠色，整合今生體驗與我相處的情感種種。靈魂的能量亦是透過頂輪大量回到靈界。我察覺天花板上，還有靠近窗戶的地方，有一層灰灰黑黑的密集物靠近。

祂們像是被死亡的氣息（或者說「失去靈魂的肉體」）吸引，想要填充到這個軀體內。這些灰霧還有前鋒部隊，中衛部隊。一批批不同層次的靈界分解者，圍繞在越來越虛弱的老貓旁邊，吃食殘餘的活體能量。

Mulo提醒我不要觸摸，靈魂與肉體的分離如果沒有執著與牽掛，那就是安詳平靜的。若有強大的執著和捨不得，分離便痛苦如同烈火灼傷。我可以輕觸老貓的頭頂，頭頂已經串聯靈界，就不會有太多感覺。

靈魂逐漸脫離的軀體，在靈界像是叢林的起始：先長出小草，接著長出灌木叢，再由體積越來越大的眾生輪流過來分解，生態循環般，每一個存有都有祂們在世界上的位置。後來者會捕食前者，有屬於祂們進食的流程。當老貓過世三個小時，身上殘餘的陽氣也已經代謝完，由地底常見的陰性眾生填滿。當我探望彌留中的長輩，以及探病「迴光返照」的病人，就可以透過陰性眾生的大小與種類，以及密集度，大約判斷人會在多久後離世。

殯儀館的陰性眾生彷彿一片烏雲籠罩，就有股「死氣沉沉」的壓力。在我看來，這類型的靈界眾生實在太小太細微，一如蚊子蒼蠅和小黑蚊，單純憑著生物本能，在食物密集處聚集。然而祂們吃的都是家屬的悲傷和悔恨的情緒。

在葬儀社工作的人員，有種「陰氣重」的感覺，其實只是他們的體質可以忍耐陰性眾生停留在氣場旁邊，能量的特質足夠密集，有相當防禦，而能減少被祂們干擾。普通人的氣場沒有特別被靈魂規劃保護著，長期待在陰性眾生佇留的空間，就容易被祂們附著而吃食，因而生病或倒楣。

有些習俗建議，參加完葬禮要「淨化」，就是把這些小小的陰性眾生趕走。像是摘葉子放身上、洗澡，或者去市區繞幾圈等，都是「透過外在的能量」吸引這些靈界小果蠅離開。也由於這類型思緒單純的陰性眾生無法溝通，智力不足嘛，我參加完葬禮後，都直接去臺北行天宮，廟宇的精靈會幫我抓蟲子，幾分鐘就抓完了，這種事情就交給專業人士處理，祂們效率很高。

靈界的「酒」

小湛曾經訪問日本的狐仙（精靈），祂們說山裡有「酒」，很多妖怪（精怪）

愛喝。當人類越多，當地的「酒」都汙染發臭了，只有更深山隱密的「酒」才足夠甘甜。

祂們給我看「酒泉」的影像，像是淺藍色清澈的液體，冒著晶亮的煙霧，緩緩地從土地中冒出來。排隊的小妖怪們很謹慎地用捧著的容器裝好，在旁邊守護的不只有狐仙，還有鹿頭與虎頭的白衣守護者（精靈），在旁邊管理隊伍秩序。我才恍然大悟，那就是氣脈啊，只是日本的祂們稱呼「酒」。

中國的神話，也經常談到神仙之間會享用美酒。認識的龍族對我說：「那就是清晨的金色氣脈啊，以前龍族和人類一起生活時，龍會化作人類，試著教人類享用清晨純淨的能量，但是人類只能看我們吃，人們就以為這是仙人製作的『仙釀』吧。」

人類食氣？

地球與太陽能量交流的氣脈，確實是靈界眾生的主食。然而此時此刻的我們，是人類。我們的身體有一半的器官和消化、代謝、吸收與轉化營養有關。這代表我們「多麼依賴固體飲食」得到生存所需能量。

當身體長期飢餓，快活不下去了，得斤斤計算每一口吃下肚的少量養分，只剩下「活著」的目的，身體就無餘力感受世界。沒有情緒的波幅，也就沒有負能量，於是讓人自我感覺良好。隨著身體越飢餓、越沉默封閉，也更無力抵抗大腦的專制決定。

激烈而長期的斷食，是停止靈魂多樣化的探索。食氣理論，認為不吃是種「淨化」和「洗滌」。換個角度想，如果你疼愛孩子和小動物，你會拒絕提供食物和營養，因為要「淨化」他們？如果不會這麼對待孩子與動物，為何認為自己的身體是「髒的」，需要「淨化」？

強盛的頭腦無視身體的需求，說到最後，都是無法接受身為人類的自己。

Mulo跟我談及，確實有些靈魂會有自己的考量，想減少對食物的攝取，就會在基因裡做出「減少消耗」以及「慢性自我分解」的基因設定，做出濃縮的生態循環，這是天生的設定。即使有身體層面的基因和天賦，也不等於身體和靈魂層次已經平衡了。

如果靈魂能拿捏好兩個世界的平衡，身體、精神皆得到滋養，靈魂的能量會大過於身體，我會看到此人展現靈魂的力量、靈魂的意志，能量場的邊緣會散發彩光，就像陽光被折射出彩虹一樣，具有驚人的強盛氣勢。可惜長期疏於照顧身體的人，頭腦的強盛又會壓制靈魂的力量，能量場也就萎縮塌陷。回到現實層面，身體無法自體創造蛋白質，油脂亦得靠進食攝取。激烈的禁食，大腦會萎縮，焦躁易怒。如果人們不需要進食與消化，腸胃、胰臟、肝、腎、大腸小腸……都會自然退化。

請記得，地球的意志會促進生物的演變，也決定我們的形體如何。身體是地球的一部分，是地球借給我們的一份心意，請珍惜這善意。既然現在是個人類，請尊重我們的身體構造就是如此，讓自己營養均衡吧。

CHAPTER

6

宗教和信仰能量的運作

宇宙有一套系統管理每顆星球的內部秩序，從地球誕生以來，甚至宇宙誕生之初始，就在運作著。

這是以眾生精神層次的「心態穩定性」為根基——首先就是個體情緒的管理，具有對內的洞察力，避免把壓力波及無辜眾生，亦能夠面對、消化自己的壓力。接著能夠教育周遭的眾生，引導眾生們面對生存的變化。心態層面有足夠的穩重和影響力，既能幫助自己，又協助群體一起成長。生命之間會互相提攜，相互輝映，最終所有的存在，都會走向合作、共存、共榮的秩序連結。

人類的神明

「神的名稱」是一件制服，同一個眾生在祂的轄區，可以隨時切換各種宗教的模樣。畢竟祂們是精神層次的能量體，善於變形與幻化。

我小時候的舊家，是由一名精靈管理當地。老家的電視櫃擺了一尊觀音雕塑，是我所熟悉的「靈界善意存有」，祂就以觀音的形象和我互動。隨著成年後探索靈界，我重新聯絡上祂，看見祂的真實模樣是雉雞。

祂年紀有三千六百多歲，兩百年前才留在當地。祂喜歡人類，個性善良溫厚，我還在靈界的摸索期時，都是聯絡祂幫我帶走／驅離眾生。

雉雞精靈對我說，祂管理的區域有十一棟大樓住宅，每戶人家的宗教信仰不同，一旦進入住戶的空間，祂就會換上那家信仰的神明形象，接上人類的信仰能量，來提供幫助。重點是「要讓人感到安心，能被託付」。當人們對靈的心意管道通暢，祂才能做出最大範圍的幫忙，像是把愛和支持的感覺送入人心。當人感覺到安全，內在的療癒就被啟發。

心存善意、保護當地的精靈，不會收取人們的信仰能量。人們對祂們的想法、祈禱，累積的信念等等感受，都會還給人類身上。也是避免留在自己身上成為沉重的負擔。能量從哪裡來的，就要從哪還回去，善意的精靈，會確保能量平衡。祂們很清楚保有自己的重要性，而不是成為別人期望的模樣。祂們自給自足，也不會貪求和拿取人們的好處。祂們與人類互動，單純出自於關愛，像是對手足的照顧。也由於取得公家單位執照的精靈，其能量大而飽滿，甚至比一間房屋更大。祂們不會留在人類的家裡面，只是當作巡邏駐點，確保當地治安和平。

精怪也會使用同樣的方式換上服裝，卻會把信仰的能量拿來吃食。精怪的能量小多了，密集而壓縮，喜歡寄住在「有眼睛」的雕像或者畫像裡面，那是因為人們的注意力經常集中在「眼睛」上，精怪就可以收集更多的信仰能量。

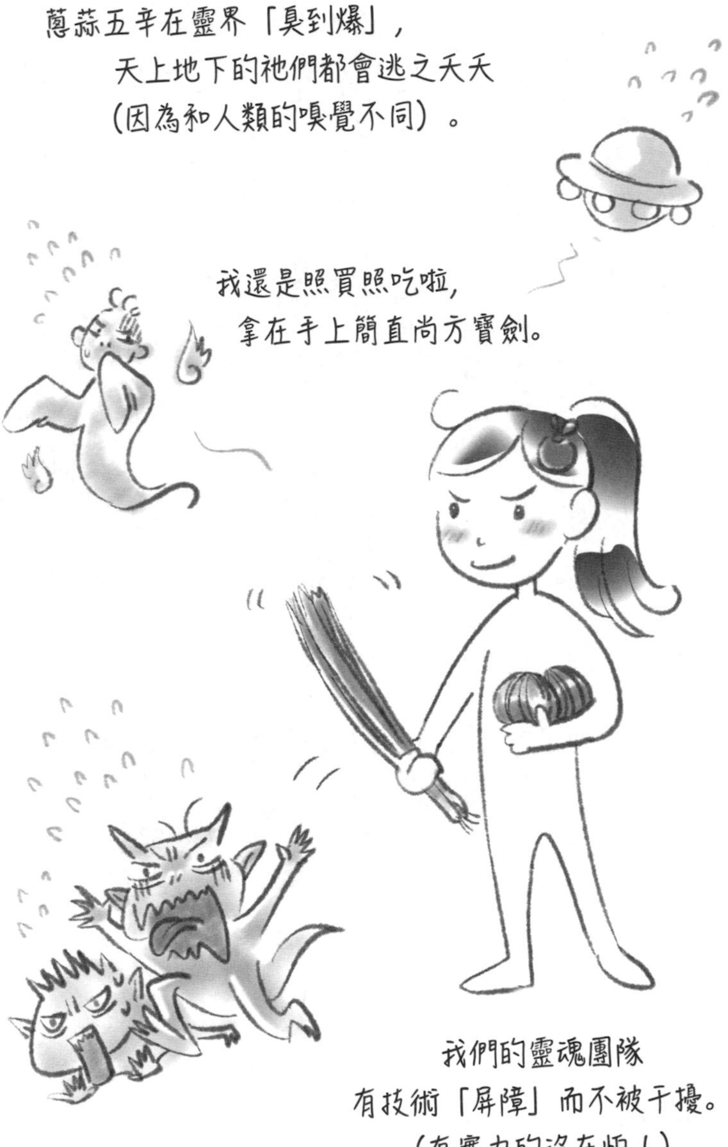
蔥蒜五辛在靈界「臭到爆」，
天上地下的祂們都會逃之夭夭
（因為和人類的嗅覺不同）。
我還是照買照吃啦，
拿在手上簡直尚方寶劍。
我們的靈魂團隊
有技術「屏障」而不被干擾。
（有實力的沒在怕！）

如果屋主本身心態有較多私慾和貪念，精靈就會保持距離，而精怪深受屋主的慾望吸引，就會寄住在屋主的神龕內。如果是收藏喜愛的娃娃、模型和玩具，我們發自真心的愛和珍惜，這股力量是飽滿而正向的，就不是吃人類能量的精怪飲食取向。當敬拜、請求、託付等交出自己的力量的過程，如果都是為了滿足私慾，才容易被精怪利用。

我看到的「神明」有三層空間：第一層是扮演的神明形象（擬態）。第二層則是祂們的心態，對人友善，或者不懷好意。第三層是祂們的真實樣貌——例如花草樹木，猴子、蛇、石龍子、白鼻心等本地原生種動物。

無論是東西方的宗教信仰系統，神明或者諸位仙佛，在我所知的系統裡，僅是地球上的精靈。然而就算是精靈，年齡就可能超越人類文字記載的歷史。祂們的智慧與對人類的理解，可能比你對自己還了解。

即使你沒有任何信仰，沒有敬拜任何神明，而你是善良穩定的人，精靈自然會很喜歡你。無論你能否感覺祂，祂依然會替你淨化能量與保護你。因此是否擁有信仰，不等於你是否特別被照顧，或者容易被壓榨。關鍵依然是你的「做人處事心態」。你的心，決定靈界眾生與你的相處方式。

精靈與精怪的進修：獲得宇宙公家單位的提拔

富有正義感、想要保護族群的精靈與精怪，長期下來已經在祂們的固有領域上有所表現，像是成了里長伯，頗受周遭鄰居眾生的愛戴。此時祂們會收到宇宙飄下來的金色兵單，推薦進修和學習管道。

精怪與精靈的差異到了最末，都以「心態」為區別。心態決定了能量變化的因素。當精怪通過公家單位的考驗，本身的能量就會進化、發亮，蛻變成為能量輕盈的精靈。

公家單位的能量直接從宇宙深處傳遞下來，這是支撐整個宇宙的運作體制。精靈在強大的祝福和保護中，會帶著白色與金色的光芒，像是識別證，人們便會解讀為「天使」或者「菩薩」、「神佛」。

有的精靈會住入宮廟或教堂等公開宗教場合，提供人類服務；有的會住在自然界中服務其他有形無形眾生，就看祂們本身的喜好。也由於接收的是宇宙的無私能量，精靈會盡可能地給予眾生幫助，像是待在風水環境好的場域，若是在都市中，則會選擇能夠公開出入的宗教會所，當人們想求助時都能獲得回應。

祂們也可能會想走基層的服務，例如成為風精靈，淨化空氣內的雜質；或者管理河流、淨化河流；成為山神實習生，也可能就成為山神與域靈。而宇宙會降下彷彿關餉的清澈能量，味道甜美，精靈會越吃越茁壯，心態正直。被宇宙公家單位認證的祂們都會加入群組，也會申請調職，偶爾去海外駐點，甚至去星際輪迴。體驗得越多，光（能量／經驗）會增長。

靈界對待眾生的成長，是不強求、不勉強，眾生才會對成長充滿喜悅，探索、深耕適合自己的成長方式。渴望幫助世界的精靈，能感受到自己之外的眾生們的需求，祂們的心願超脫個體，若沒有一點本事，就會被黑道般成群結隊的精怪欺負。因此善良的精靈必須要有相對的實力，若獲有宇宙公家單位的背書，這些精靈的能量都強大到一般的精怪不敢招惹，精怪通常會避而遠之，或者主動求饒。

於是被認證的精靈，能夠訓練精怪別再吃路邊的人類晦氣，精靈會幫忙淨化當地氣脈，提供潔淨的氣脈能量供給精怪吃食，使祂們心態穩定，不至於傷害人類，也不會有壞念頭出現。精靈也會給予職業訓練，讓精怪手下們打掃環境，跑腿傳遞消息……總之，被公家機關認可的精靈們，就像是公司老闆兼校長，需要管理當地的眾生秩序，能夠協調衝突。

宇宙公家單位對於員工的訓練很嚴謹，會重複審核已經認證的精靈，是否能繼

基礎形態，過去當動物
而建立家庭照顧的觀念
（所以才想照顧人）。
有些人只看得到
第一層的擬態。
3.
2.
1.
溫柔的心
會充滿溫暖。

人們對「完美」的想像會成為「神明」的形象，
也可以說，大家只看自己想看的。

續擔當責任。在地球上，大概是三個月一次小考，半年一次大考，會安排各種突發事件，來測試應對能力。無論是人類層次造成的問題（信徒之間的爭執），或者精怪幹部之間的紛爭，精靈們是否有足夠的智慧可以面對和克服。就算考試沒過，也能補考，公家單位會持續地給予進修和測試，非常地有耐心。每個月都有新的課程要進修。既然宇宙跟地球的能量時時刻刻都在變動，那麼執照的內容，還有權限的詳細，也在常態更新。

公家單位的精靈——正神的生活，實在非常忙碌又充實。祂們光是處理整個組織的事務，幹部之間的任務交派（有時候幹部之間還會吵架，要周旋，也有的跳槽離職，還要培育新手），基本上就是一間公司的營運狀態。這些正神需要有相當的能力，才能成為整間公司的老闆，扛下宇宙的任務，還要顧及地球能量的淨化。

我也是遇過某些正神，後來覺得自己有點技術了，也有相當的實力，就懶於進修，沒有重考執照。再加上一點點貪念，宇宙的能量不會下來，整間廟的氣氛就開始改變。祂被賦予的金光也會被收回，然而祂也會利用信眾的信仰能量，給自己裏上一層冷冷的金光，繼續扮演正神。可是小聰明的腐化心態，在靈界中是有臭味的，眼神也會從金色變成貪婪的紅色，漸漸地退化為精怪。

若累積過多信仰能量，能量只進不出，沒有幫助人類，就容易電線走火、突然來個土石流、房舍倒塌、人為破壞之類的事情。再好的能量只要塞住，也就是沒有流通，就會累積成業力，迫使能量更替。

靈界是有秩序的，只是靈界秩序的運作需要拉長千百年來看。而人類的壽命只有短短幾十年，我們因此很難在人類有限的時間，窺見靈界的秩序和管理層面。而我記得靈魂的記憶，就能分享我靈魂熟知靈界秩序的經驗。

辨認正神的方式

「光」是可以被偽造的，祂們數百數千歲，善於操作能量的變形和幻覺，知道什麼說法、什麼模樣最能蠱惑人心，靈界眾生也會跟著閱讀最新的身心靈資訊，增進詐騙技術，像是告訴人們要「臣服」靈界訊息，但其實「臣服」是順流的意思，不是放棄自主權。單純的人太疏忽精怪的智商，以為有「光」就能夠安心託付，於是很多通靈者和精怪合作收訊息（能量交給對方），喜歡聽祂們的花言巧語，被吹捧得飄飄欲仙，情緒又被極端地煽動。通常過不了幾年，能量就被啃食殆盡、甚至精神失常。所以有關靈界的訊息，需要保持客觀的思維，不要全盤都信，保留一份理智思考很重要。這就是通靈者自己的功課。

有的靈性書說「只要大聲宣告，惡意的存有就不會靠近了」，前提是你要「完全不怕祂們」，你的立場和心意堅決的能量，要比對方更強大，得有絕對實力的差距，對方才會被你震懾到無法說謊。如果你會怕，有一點膽怯和猶豫，祂們就能說得天花亂墜還面不改色。總之很多的說法，自己都要斟酌。

至於普通人不太能夠感受到靈界祂們的存在。當生活壓力大，如果很想訴諸信仰，又怕被吃能量，該如何辨認正神？你可以進入這間廟／宗教場所的大殿，選白天去，進入大殿的門檻時，用身體專心地感覺門檻。因為門、牆都會有結界，祂們也會在靈界設下保護，避免無關的眾生進來搶奪公司經營權。由於這個結界只擋住眾生，不會擋住人類，所以人類的能量來來去去，就像是掩護。而你的注意力集中在門檻感受，比較不會驚動祂們。當你專心地跨過門檻，感覺頭暈（被吃能量）、異樣、排斥和不舒服，就知道這場域並不好。反之，當你跨過門檻沒特別感覺，或者會身體發熱，感到安心放鬆，就是好的場域。

其次的辨別方式，一樣是選白天去，專心地用身體感覺正廳上方的空間。如果是正神，祂與祂的夥伴們都吃宇宙能量，每天都會把人類信仰的能量往上呈交，不會藏私，而祂們是陽性眾生，白天忙著上班處理事務，天黑之後就好好休息。大殿上方就是祂們的家，無形界的幹部跟手下們都在工作狀態，並且得到宇宙的幫助。

如果你閉上眼，感覺到大殿上方是溫暖的，或者沒有特別的感覺，至少是平靜祥和的，這間廟就是正廟。臺北地區的代表就是行天宮跟龍山寺，我曾去土耳其遊玩，伊斯坦堡的聖索非亞大教堂也是正神代表。

非正廟的廟宇，祂們會私藏信仰的能量，當幹部之間把信仰的能量當作食物吃，彼此會產生強烈的競爭、搶奪與控制。若祂們專門吃人類的能量，就屬於掠食者，我們的身體很自然地會對祂們產生陰冷恐懼的感覺。

如果以「心」感覺大殿上方的能量，這時需要顧忌的是，若你測試的是陰廟，沒有考公家單位執照的祂們會怕陽光，早上都在睡覺。當你太專心去感受祂們，可能會把祂們吵醒。吵醒之後，由於對方不是有品格的傢伙們，可能會對人類做點什麼事情也說不定。所以特別提醒，用「心」辨別的方式還是稍微有危險性。畢竟靈界是精神世界，很重心念的狀態。

正神的能量是清爽、乾淨不沾黏。陰廟的是陰森、毛毛的，彷彿什麼貼上來的感受，甚至有被盯著，成為獵物的感受。以上兩種都有可能會產生雞皮疙瘩，雞皮疙瘩也有分感覺是舒服的，或者是感覺不太對勁的。有時候我們還真的得相信身體的直覺，身體會有界限，身體的直覺會想遠離危險的事物，身體會想保護自己，確保環境足夠安全。我們的身體是有智慧的。

百年廟宇的香火鼎盛

真的想要拜拜求安心，我都會推薦人們找當地有百年歷史、香火鼎盛，人潮不斷的宗教場所為優先。

有些人祈求國泰民安，也有人求個人的財富，有人求姻緣，當然也有人心懷不軌……這些意念中，有崇高的誠意，也有滿足私慾的念頭，或者都混在一起。被認證的精靈把各種層次的能量分離，將最乾淨的、為眾生萬物著想的輕盈能量，漸漸地往上推，浮上宗教場所上空，呈現美麗的金色泛彩光祥雲——收入集體潛意識的信仰空間內。這個空間就像是銀行金庫，被宇宙的公家單位上鎖保管，只有獲得認證的精靈才能使用，撥款給需要幫助的人類。

在地球上，也只有人會進行「信仰」的動作。其他被分離的能量，像是仇恨、慾望和沉重的執著，就會被精靈分解，沉澱到氣脈深處，交給隔日的太陽淨化。因此無論人類信仰什麼樣的宗教，只要服務的精靈已經獲得宇宙公家單位的認證，祂們都會有相關的能量整理技術，把最輕盈、有利眾生的能量萃取、收納起來。當人們去廟裡或者教堂內、某個宗教場合中祈禱，祂們就像銀行人員，審視此人內心是否真誠，可以動用多少資源輔助？

假設一名大學生在臺北讀書，得知臺南的阿嬤生病了，大學生好著急，到廟裡求神明保佑阿嬤。這位神明是宇宙認證的精靈，祂看到這位大學生的善良與真意，估算從臺北到臺南的里程中會經過多少眾生的地盤，接著把審查報表交給宇宙，宇宙確定整理估算無誤，若有多有少，會再增減額度，接著放款給廟裡的精靈。

精靈管理的信仰能量，是這麼運作的：當大學生願意「相信」神明，就給了一份信仰的能量，像是訂金。既然收了訂金，精靈也獲得撥款，派底下的幹部往南部移動——這些幹部通常都是培訓中的精怪，飛不高，只能在地面活動，但也由於沒吃人類的能量，移動範圍較廣。更甚者這些精怪會當公家單位的實習生，能量有一層白光保護，移動速度更快。

當眾生離開自己的地盤，祂們會帶上自家廟宇的識別證，像是令牌，代表自己是官兵。祂一路從臺北跑到臺南，大部分地段的眾生都會守著地盤，就要拿宇宙撥款的部分當過路費。一路跑到臺南後，官兵把一部分的款項，交給離阿嬤最近的靈界眾生，或者是當地的地頭蛇。官兵再一次亮牌照，請對方收款，多照顧阿嬤。拿到款項的眾生收到請求，無論是否有考取證照，都會收下禮金，並且給予收款證明。接著官兵再一路跑回臺北，遞交收據，告訴精靈已經完成任務，剩餘的款項就自己收著，便是這次出差的薪水。

這個過程會有幾個現象：如果精靈的估算失誤，官兵領的錢太少，可能中途就會吃喝玩樂，延宕任務的交辦，或者捲款落跑。或者給收款方的錢太少，對方可能也收了錢卻不照顧阿嬤。也可能官兵付過路費的過程不順利，直接被土匪打包抓起來，款項全被搶走……因此不是所有廟宇都能運作順利。其實祂們管理信仰的能量過程，也相當容易失誤，非常看精靈們的營運技術。如果精靈的工作能力和品格態度，能讓底下幹部心服口服，威望足以讓全臺各地的眾生都聽聞，那麼辦事也方便，消息傳達的速度快，願望完成率也高。

當臺南的阿嬤被當地的眾生保護著，睡得好，不再受風寒，阿嬤康復的消息就會被臺北的大學生得知，大學生非常感激，又會回來廟裡還願——付清尾款。所以一座廟香火鼎盛或宗教場所大受歡迎，其實並不容易，通常都累積相當大的靈界人脈、內部運作實力。

來自星際的旅者幫助

來自星際的眾生，和我們靈魂的層次類似。祂們想替地球提供幫助，就得套上地球的載體，加入輪迴成為地球的一部分。但直接成為人類太辛苦，因此祂們通常會成為中等程度的精靈。之所以必須擁有地球的載體，實在是地球的環境壓力太高，這些壓力來自生物們對生存的恐懼、過往的牽絆，以及各種生活上的困擾與想望。

地球的靈界已經是精神層次的世界，其他的星球並沒有巨量的情緒和思維的對立。地球的能量彷彿冰冷的深海，星際眾生必須穿上潛水衣（載體）以保暖，甚至要有堅硬的配備，避免被壓扁。載體是為了保護眾生的存在，是為了保護靈魂的本質不被破壞，同時可以加入地球的體驗。

我曾經和四位星際旅者組成的團體互動，祂們在星際旅行的過程，就已經申請了宇宙公家單位的執照。在地球上，祂們沒有固定的場所，而是聽到人們的呼喚，就會會審查人們的呼喚是否真的需要提供幫助，再給予回應。其實有點挑，畢竟像是自由接案的身分。

這群星際旅者的能量管道，直接從星際拉下來，靈界管道也是祂們自製、自我維護，就好像飛機自己蓋、機場自己蓋、燃料費都自己出，員工薪水自己付。祂們經常使用的形象，就是有名的四天使：米迦勒、烏列爾、加百列、拉斐爾。

四位天使的能量有對應到東方的神祇形象，例如烏列爾＝地藏王，拉斐爾＝觀世音＋藥王，加百列＝普賢＋文殊菩薩，米迦勒說祂這麼帥氣獨樹一格，四處幫忙支援另外三位的工作。

所以，有可能你緊急求助的觀世音菩薩，就是剛好路過的星際旅者也說不定。而祂們既然身為巡守隊，為了避免被人類信仰的能量沾黏到，祂們都有一套技術在當下化解、分離輕重能量，好的能量集中送到集體潛意識區儲蓄起來，讓其他精靈可以提領幫助人類。

祂們很像國際物流快遞的工作人員，有專屬的制服，也有各自服務的區域，因此臺灣區的烏列爾和德國區的烏列爾就是不同位。臺灣地區的星際旅者隊長也坦然表示：「如果個人的心念有私慾，就不太會受理了。」私慾是：扣掉基本食衣住行之外，更多個人的需求。像是為了證明自己、滿足虛榮感和不必要的開銷。所以個人的心念還是很重要。

誠意是：為了我個人之外的存有，像是對家人、朋友，動植物、環境與自然生態，能夠協助大家穩定生活。當人能顧及的範圍越大，像是深愛大自然，心念的擴展帶來的力量，精靈們能夠提供的幫助也就越大。

只是時代的起伏，以及生命中的重大事件都是靈魂們的安排，精靈無從干涉靈魂與人生發生的現象。精靈只能安排機緣，像是緩衝災難，但是無法避免災難。祂們還是得尊重每個人都有自己的際遇發展。

靈界眾生與宗教的合作

我初期加入各方教派，想理解人類與靈界之間的能量流動，還有眾生和其他通靈者的合作關係，因此累積不少觀察心得。

假設你就讀國小，品學兼優，校長、主任、老師以及打掃阿姨都非常喜歡你，所有學生也都喜歡你，等到要畢業時，大家都說：「你真的很棒，我們好喜歡你，你可以繼續留下來當學生嗎？」你會留下來嗎？停止你所有的成長，放棄國中、高中、大學以上所有的發展？繼續留在國小，當萬年國小生？

所有歷史上的聖人都是如此。傳說祂們曾經是個人，具有獨特的節操和強大的能力，受到眾人喜愛。接著人類的壽命結束了，捨不得的信眾繼續信仰這些聖人，於是推舉成為神明。

事實上，那些人類與靈魂都已經離開了，祂們不會因為別人多麼喜歡自己，就停止了個人成長。而信眾繼續敬拜祂們，拜的究竟是誰？其實信眾敬拜的，都是自己心底期待的完美形象。

大家以前都玩過傳話遊戲吧？用一句話描述一個狀態，告訴A，A再轉身告訴B，B再轉身告訴C……當話傳到Z的耳朵，原來的話已經面目全非了。每個人在傳話的過程，都會加入自己的想像，或者減少部分，這也是謠言產生的方式。經過口耳相傳，原有的話語都會失真，真相也變得模糊。更不用說經過兩三千年的傳說，過程中加入了多少東西，減少了多少東西，早就已經不是原來的樣子。

擺在神龕裡的塑像、畫像，呈現出群眾心目中完美的象徵，大家都把自己想要的願望、期待的表現，寄放在這些信仰身上。信仰的能量，就是透過一個會所、神像與象徵性事物而累積起來的。信仰的能量彷彿一群孩子們深愛父母，無條件的愛和充滿期待，也就充滿多樣性，可被眾生利用。

於是同樣是「觀音廟」，有的香火鼎盛，有的門可羅雀，就看這些眾生如何運用信仰的能量工作。有的人說是分靈，並不是。無論是氣味、樣貌，每一個靈體，在靈界看起來都不一樣。一如人類成立公司，有的老闆願意分享紅利給向心的員工，有的老闆中飽私囊吝於分享收益。前者的員工會對老闆更效忠，願意一起努力振奮公司運行，要服務人類帶來奇蹟，換得更多人氣和信仰，公司行運就會越來越旺；後者的員工可能想報復老闆，或者紛紛離開，光是內鬥、內部管理就有問題了，哪還有空幫助人類？

公司內的幹部工作一陣子，大致了解能量的管理和進出，祂們也會想要創業，就會離開原公司，四處尋找通靈體質的人合作蓋宮廟，「托夢」便是祂們常用的招聘神職人員方式。祂們需要一個場域——吸引人類進來，許願、發願，讓信仰的能量留在神像上和屋內，祂們才能夠運用自如。

只是，有能力開業不等於可以永續經營。通常新開的廟宇，都會經過當地的眾生幫派角力，各方存有搶著要獲得新廟的領導權，甚至有的會壓榨乩童，不許乩童休息，強迫乩童持續工作以招徠客戶和信仰，也是時有所聞。

越多人信仰的神明，例如在臺灣，媽祖信仰就累積相當多的能量。越多人相信，其宗教就會越靈驗，神蹟更多，就像是把錢投入撲滿，撲滿自然沉重有力。只是靈界所有的發展，都會因為海洋、河流劃出界線。如果你剛好被祂們追著跑，夜夜來夢中要求蓋廟，可以跨河換個鄉鎮居住，原來的祂們就很難追討了。只是我看過的乩童，通常會有心底創傷：「渴望自己是被需要的，才有價值。」即使換個地方，又被其他想創業的眾生找上利用，所以真正的解法還是得面對內心的掛鉤。

同理，若是到海外工作和旅遊，如果想得到當地的能量庇護，希望一切順遂，就去當地「最有名望」的宗教場所做個祈禱、捐款。有名望代表事業經營成功，辦事效率不錯，當地的祂們看外地來的遊客這麼客氣，多少會給個照應。

眾生接受人類的信仰，也被人類的信仰限制

我遇過不少通靈人士說他們有自己的神明照顧，我看了都是精靈。只是更常看到精怪黑黑地在吃此人的能量。

有些善意的精靈披著神明的制服在照顧人類，但不一定有考公家單位的執照。有考公家單位執照的存有，更喜歡跑來跑去，隨時都在工作狀態下。因為祂們能量很大，而人類的能量場很沉重。大部分我看到通靈者連結的精靈，都是從小看著這個人類長大，可能是住家附近的精靈，喜歡這個人類，所以陪伴這個人類，祂們也有相當的智慧，畢竟都好幾千歲了。因為習慣跟人類互動，被人類的能量沾染，也只好一直跟在這個人旁邊給予幫助。

只要精靈對人們有一點牽掛，就成為契約一樣的效果。也可以說，這樣的人與精靈聚在一起，是共創課題。如果人類的心態不正，具有貪念與強烈的慾望，或者有劇烈的情緒波動，吸引吃食人類負能量的精怪過來寄生。若當事者長期保持在源源不絕的貪念、慾望和情緒波動下，精怪也不想走了，隨著人的負能量吃得越來越多，祂們也就卡在人的身上，變成「卡陰」。不過精怪體積較小的關係，通常都成

群結隊的，其實也不大，吃食的速度也小。祂們喜歡趴在人的身上，像是肩頸、後背和頭部。

精怪的體積都很小，要累積到一個量，人才會感覺到不對勁。像是情緒更容易被精怪煽動（為了獲取更多食物吃），感覺到鬼壓床、睡眠不穩，耳邊有許多「聲音」在說話等等。精怪們會想要博得人們的關注，縱使會使人感到恐懼、不安和困擾，然而也是有人會享受這種「特殊待遇」。因為「聲音」（精怪）會到處挖人隱私，使當事者得到各種訊息，得知別人的祕密，產生「我是特別」的優越感。如果當事者在生活上有強烈的自卑和無價值感，也會捨不得離開精怪帶來的好處，這也是一種另類的信仰關係。

信仰的能量管道

許多宗教會有入教儀式，像是：灌頂、印心、點化、洗禮之類的名稱和儀式，只要是「在你的腦門和前額」前比劃和動作，甚至是直接碰觸頭部，以及「邀請某某靈／上師等常駐」都是「靈界簽約」，共用能量管道。能量管道會錨定於儀式進行的空間內，像是佛堂、道場、教堂等宗教場所內。

「管道」意指裡面有能量的流動，是雙向道流動？還是單向道？畢竟時代一直在變，環境能量持續更動，能量管道是要被「管理和維護」的，管道的結構如何？多久維修一次？如果人類住家的水管會老舊，靈界的管道亦是。

我觀察過各種能量療法，還有宗教的管道，都覺得不夠安全。靈界的資訊透澈到我只要打開一個人的網站，看到他寫的文字、照片，就可以知曉他的靈界管道的狀態如何。最怕的是共用管道，卻沒有「安全閥」，像是共用針頭一樣，只要團體中一兩個人有事，就像是一粒老鼠屎掉入一鍋粥。這卻是十分常見的現象。

一個人若加入不同宗教，進行過各式各樣的入教儀式，或者學習能量療法產生合約，這些能量管道都會在。但假設你加入十個宗教，最後你只忠誠於一個宗教，你經常使用的管道也只有這一個。靈界是「你相信，才會有所作用」。

靈界的宗教場合

Mulo鼓勵我多看看人性，說我們可以保護自己了，就來觀察別人如何沉迷宗教吧。雖然我滿心不甘願，但是我也真的好奇。我繳了入會費，跪在某上師前的蒲團上，內心非常抗拒和不喜歡，當老師父把手放我腦袋上，我超級想揍人！

我拚命忍著，Mulo啼笑皆非地說：「不然你就想像自己站在旁邊，你只是身體跪著，意識是站立的，我們來旁觀看整個流程吧？」

這確實是個好方式。當老師父把手放我腦門上，他的肩膀上站了三位眾生，祂們的能量透過手穿過我的頭部，沿著脊椎到尾椎，像是一束光貫通全身。後來所有的能量都集中在我頭部，我並不覺得這是在「灌」能量，而是在……加上「橡皮圈」？還是門鎖？我不太懂。Mulo什麼都沒說。

我被傳授○字箴言，說這句話有多大神力……我默默念著，感受一下。這些師父和信徒以為的高能量在我看來，大概是運動十分鐘的滿足感，而且只有在道場念才有用，像是共振屋子內的信仰能量。當我離開那間房子，在哪兒念都沒能量。

我還得跪拜幾萬下，才能獲得一本加持過的經文。師父要求我敬拜的菩薩像，卻連接著樣貌醜惡的精怪們，祂們寄生在道場內。我真不想跪拜，後來心念一轉，也許我有傲慢心，就以跪拜來磨我的傲慢心好了。我感謝大地，不是祂們，祂們也奈我何。

進入這個宗教像是在玩遊戲，得累積點數（跪拜次數、念咒次數），才能進階拿到老師父加持後的新經文和心咒。數個月後拿到，真是大失所望。能量不過半個掌心大。我翻到後面印製的神像，又是連接到其他精怪，祂們專門吸收念誦這份經文的能量……

老師父和這些精怪合作，精怪就像幹部，收集信徒的信仰能量，有一部分交給師父本身，一部分祂們自己吃，隨著師父的信徒越多，師父越是佛光滿堂，有些人覺得那是「愛」，可是這是冷光，不是發自真心的「愛」，只是羊毛出在羊身上。

的確這師父會把一部分信仰能量放在信徒身上，讓人感覺「突然幸運起來了」，但是也只有大慶典才會露一手，大多數時候，師父都把能量收起來，自己做理財投資賺大錢。加入的信徒就像是有賭徒心態，等待「幸運突然來臨」的時刻。

我曾經問這位師父的靈魂，為何要建立道場內的靈界系統？祂明顯有在管理道場內的精怪，因為師父的能量場和人類信徒、靈界的精怪都有連結，每個信徒身邊也都分發一隻精怪。拉我進道場的大姊和我同一間房，無論在國外國內，她睡覺時旁邊都站著一隻黑黑的精怪，會貼上人臉，把人吐出來的信仰和陽氣吸走。我身邊也有一隻，只是祂不敢靠近我。

師父的靈魂不以為意地說：「放著這些精怪不管，祂們也會在城市中傷害人。不如把祂們收集起來調教，分一部分信徒的能量給祂們吃，祂們就乖了。生活壓力本來就會把信徒的能量分散，讓信徒們有排解生活壓力的方式（念經和舉行儀式），集中的信仰能量又能帶給大家生活的目標，不是一舉兩得嗎？」

我在這個道場裡面，感覺能量最強大的時候，就是在老師父講完經，群眾群念迴向：「願以此功德，迴向於我與我的家人……」我觀察一年，屢試不爽。大家下班後撐著疲累的身體聽完講經，就是期待最後一段能量回饋在自己身上，確實一專注起來，能量也回到自己的身上了。

第二個灌頂經驗就可怕多了。我在吃飯的路上被拉入某個佛堂，說他們正在舉辦××儀式非常有福報，Mulo攤手說：「去看看也好呀。」我半信半疑地進去了，一進去佛堂超級後悔，因為天花板上，滿滿的都是黑黑的靈界蟲子！身穿制服的會員肩膀上，趴了一隻隻好大的精怪。我屏氣凝神，不斷告訴自己：「我只是來觀察和體驗，不等於要做任何簽約。」心態非常堅決，就是種保護。師父把手放在我腦袋上，他身上爬滿了黑色的精怪，像是電影《異形》的臉貼著我，口水都快滴下來了。

我雖然低頭接受那一長串經文和誓文，然而我的靈視力也是狠狠地瞪著祂們警告：「別過來，我會揍祢們的喔。」人身的我很客氣，靈界的我該打還是會打，所以祂們只是垂涎著，不敢朝我更近一步。

同樣的灌頂儀式，也是在我的腦門裝上橡皮圈，顯然這個佛堂的眾生技術很差，當我惡狠狠地瞪著祂們，橡皮圈還被彈飛，祂們不敢再裝上。我終於可以起身到旁邊，看普通人接受灌頂儀式是怎樣的效果。

我看到驚悚的一幕：師父進行灌頂儀式，把靈界的橡皮圈套上此人的腦門，他頭頂的能量場就像破了一個洞，大量能量溢散，四周人們肩膀上圍觀的精怪，全迫不及待地跳上此人的頭部與背脊，包含師父肩膀上的大妖怪，直接佔據此人的腦門，大量啃食從頭部湧出來的能量。

祂們偏愛吃腦後、肩膀與肩胛骨的能量，像是在挖冰淇淋，一口接一口。待祂們吃飽喝足，換下個人入會，師父肩膀上的大妖怪把剛才那人的金色信仰能量放上神龕，像是多少存點錢，待之後花用。

人的能量場在這麼短時間內被大快朵頤，肯定會感覺魂不守舍、輕飄飄，甚至有點麻醉麻痺的感覺。後來也是有給我什麼幾字箴言，算了吧，我光看入會儀式就夠了。

第三次，我是以旁觀者看別人入教的灌頂儀式。這又是另一個佛堂，歷代都是道士家族，神龕內有三個精靈坐鎮，起初見到覺得祂們也不壞，是真心守護這個家族與佛堂。儀式進行中，兩隻精靈飄到新入教者的頭前方。祂們在每一次的磕頭，動手打開對方的頂輪，同樣安裝上一個管道。入會儀式到最末，其中一名精靈來到後方，碰觸當事者的腰（臍輪和海底輪），一股白色的能量從整個脊椎冒起——透過前方精靈的引導，能量傳輸到在神龕坐鎮的精靈那邊。這股圍繞腰間和臀髖的能量，是人的運勢。每個人當下的運勢不同，前一位入教者運勢很好，就給的多；接下來的入教者本身運勢差，就給不了多少。

虔誠的信仰能量會從頂輪出來，來到了神龕轉變為金色。而從腰間的白色能量直接進入神龕內，被神龕的精靈整理後，輸入到道士家族的能量場，使這個家族特別好運。純淨的信仰能量並不好取。當群眾集體信仰著神龕，人們的愛和思維都從頂輪出去集中在神龕，能量變得混濁髒汙，因為渴望獲得福報，想要得道升天，希望賺大錢，想要交男女朋友……很多的「想要」變成一股貪心，呈濃稠的黑色瀝青。

只有信仰的能量可以被大範圍地運用，像是帶來好運、錢財和貴人，帶來各種顯化的好處，包括帶來信徒的迷戀和忠誠。當信仰的能量和慾望糾纏在一起，精靈就得取走人的運勢，用運勢的能量分離信仰和慾望的能量。因此人的運勢可以補充到別人身上，或者拿來當分離劑。而分離出來的慾望不會消失，畢竟是人類的慾望，就會附著在人所在的空間。

而精靈有領域性，祂們當然不會讓精怪進入空間吃食，可是累積的慾望若不消除，那些慾望濃縮而累積的業力很容易滲透到牆壁和地板上，未來道場和人事都容易出事。入會儀式再次結束，換下一個人排隊。交接過程的師姊在神龕前敬拜，她的信仰能量貧弱到只有一兩絲金光進入神龕。沒想到新來的人給的信仰能量那麼多，結果更虔誠的人卻給得少？

「就已經被榨乾了嘛。」Mulo托著臉說：「入會儀式就是在人的頂輪上套個傳輸帶，走到哪邊念佛號、念經、念聖號，都在把信仰的能量指定送給入會的教派，而不會被路上其他的眾生拿走。當人們越害怕、越沒自信，越想要依賴祂們，就是把更多的精神和願力都送給祂們，於是宗教會所的生意越興旺，肥的是掌權的家族，看看這個家族歷代得到多少好處？有錢脈，有人脈，就是這樣累積的。只是也改變不了業力導致的子孫精神問題。」哎，就像是做風水，無論哪種層次的眾生，都沒辦法拿超過自己應得的能量。

最後我的心得是：入教儀式在頭部進行操作，和眾生合作建立能量管道這件事情，不一定是壞事。如果人和靈界眾生都心性穩定，例如獲得宇宙公家單位認證的精靈，祂們有自律，而且滿懷對世界的愛，能夠與人類合作，就可以把信仰的能量拿來幫助需要的弱勢，完成人們需要建設的領域。

如果人類看不到祂們，無從辨認能量管道的好壞，至少你可以從周邊人們的心態上，尤其是場地主導者的行為動機裡，看得出他是無私或具有個人私慾。只是很多時候，人和眾生都會包裝，而我們可以從許多細節裡面，譬如講話談吐中，感受到這個人對自我情緒的控管。如果沒有檢視自我的習慣，注意力都在責怪與批評別人的狀態，帶給你很大的壓力和恐懼，那麼你心裡面就要有底。畢竟靈界眾生的合作，跟個人的品行修為有關。主導者具有何種心態，就會招來何種眾生。

若是在宗教團體內不方便退出，至少當你不相信，抱著懷疑的心態，而且願意為自己的人生負責，心態沒有完全寄託在靈性與宗教裡面，能量管道就無法獲得你的信仰，從能量層面，你就在保護你自己了。

被眾生侵佔的房屋

有一位同學家裡的神明廳，在阿公阿嬤那代就出事了，就算去廟裡拜拜求神明處理，都沒效果，一直拖延到他這一代。只要有人到神明廳打掃，都會頭暈、無力，充滿壓力和恐懼，甚至出現快要把人逼瘋的崩潰感。也經常會夢到站在神明廳的惡夢，感覺到強烈的害怕與不安，甚至會在夢裡聽到淒厲的尖叫聲。因為狀況越來越嚴重，真的不知道該如何是好。即使到廟裡求了護身符，一個月就沒用了。同學想知道到底該怎麼處理才好？我建議他：

①把家裡的地契、權狀以及全家的戶口名簿，以上物品複製一份。

②正午大太陽的時候去神明廳，把複製品放在神壇，對祂們宣告：「這是非法入侵，我邀請世間正義過來為我爭取應有的權利，請祢們離開，後果自負。」記得，念的人必須是財產所有權中的其中一人，才有資格替全家人發聲。如果是沒有血緣的外人、鄰居之類的念就沒用。如果害怕被干擾的話，可以先在其他房間深呼吸、動動腳指頭，感覺地球的力量撐著你；也能邀請太陽的力量充滿你的身體。或雙手交疊放在心輪，默請自己的靈魂把自己保護好，也請你的祖先保護你，再上去把東西放好。

一周後同學主動回報，說宣告的當晚就夢到怪物被趕出去了，接下來每一天都很舒適，沒有問題發生了。他非常感激。如果是透天別墅有很多閒置房間，通常在最高層樓做，就可以保護整棟房了。

敬拜祖先，或敬拜神明，會有許多個人的願望、慾望，或者各式各樣的想法和信仰的能量，搭配供品和煙，就是一股巨大誘人的食物。當人類家族的能量場較弱——可以當作是全家的運勢都不好，例如投資失利、大破財、大家心情低落，或者爭奪家產，互相攻擊，人心的動盪影響全家的能量和諧，那麼空置又充滿能量的房間，就會被那些遊蕩的精怪幫派看上，趁虛而入。祂們吃飽喝足了，也就會更厚臉皮地想要更多，甚至嘗試驅離人類，佔據整個空間。

宣示主權並不是邀請信仰的神明，也不需要燒香。也別擔心祖先會被祂們欺負，雙方通常都存在不同的空間。宣示的話，說一次就夠了。財產所有權的複製品，可以擺在神桌一周或一個月以上，要持續放著擺入抽屜也能發揮作用。

只是說老實話，狀態好的祖先過世後就真的離開了，通常留在家族中「保佑」的祖先都是充滿牽掛，例如希望子孫吃得好穿得好（太過擔心捨不得走），或者對錢的執著，有暴力的習性（想報復誰）。祖先桌、神明廳這類的擺設，更像是安撫在世的人。所以拜拜這回事，也真的像是在拜心安，安心走的祖先用不著供品，沒安心走的，才會需要孫兒的緬懷來慰藉。

人越害怕，越會讓能量場變薄，更沒辦法抵抗祂們的壓力。如果連廟裡的神都沒轍，那就是這群外來的幫派勢力大到那些廟中的神明（精靈）都不敢招惹。但世界終究有一股穩定沉著的力量，可以稱為「世間法」，或者說是世間正義，是超越善惡與宗教的一股存在。當人們拿出地契等等，證明你們一家是團聚的、有資格保有家族的財產，祂們這點小幫派，當然無法抵抗整個世界的集體潛意識力量。

所以靈界看似毫無秩序，其實有一股巨大的力量在守護著，像是輪迴因果，業與福報之間的平衡。只要能夠站穩腳跟，就不需要怕祂們的干擾。

CHAPTER

7

集體潛意識

人類時時刻刻的起心動念，都在累積／運用集體潛意識的力量。集體潛意識就像薄霧，飄散在群眾聚集之處。當越多人堅信「某種思維」，這股「相信」即累積成為一股力量。而「相信」的過程，可能混合多種情緒。情緒是靈魂的一部分，所以當情緒＋頭腦的相信＝信念。

集體潛意識也不一定和宗教有關。民族主義、種族與文化的刻板印象、人為制定的教條，包含講求理性的現代科學，或者是對動漫畫的喜愛推崇，甚至對環保議題、動物議題……在人們的堅信不疑之下，亦是種信仰。例如在臺灣，把「綠色乖乖」放在機臺上，確保儀器能「乖乖」運作，也是集體潛意識的力量發揮作用。

若一塊土地上存在不同的族群，不同族群之間的看法就會凝聚成不同的集體潛意識薄霧，有些集體潛意識薄霧會互相交錯，有的分層明顯。

天堂與地獄的概念便是集體潛意識的代表。人們用各自的宗教觀闡述死後與生前的世界，當一大群人深信不疑，又彼此緊密接觸，那麼群眾身上飄散出來的集體潛意識思維，也就更密集地籠罩人們。以至於有些人在作夢時進入集體潛意識的夢境區，感受到地獄，或者感受到天堂，或者是進入自己相信的某些觀點等等。亦能透過某些術法，像是「觀靈術／觀落陰」進入相關的頻道，搜尋已往生之人殘餘在世上的能量並與之對話。如前面的篇章所言，執著越重的人往生殘餘的碎片與思維才會多，無牽無掛的人則沒多少碎片遺留在凡塵，而觀靈術也就找不到對象交流。

隨著人類的信仰加入越來越多敬仰的神明、聖人、偉人，人類也把祂們分門別類，而使得當地天空中會有一處夾層，由精靈專門管理人類的集體潛意識，我稱之為「天堂和天庭」。祂們看起來或許像玉皇大帝或者是上帝、天照大神等形象，其實職位上更像是銀行主管，也有經過宇宙公家機關認證，核准地表廟宇要求的撥款，審核撥款內容，再往宇宙公家單位匯報。所以「天堂和天庭」說到後來，就是地球人類信仰的集體潛意識的銀行金庫，也是「地球自治區」的能量管理其中一部分。通靈者想找上帝、玉皇大帝等，往上找還真找得到，只是公務人員很忙，可能沒空接待你而已。

大腦的力量

若說靈魂是以理想化的高度，期許人類一生的發展，大腦的思維，則是現實與理想碰撞之後的結果。

人類大部分的主流教育，都在重複訓練大腦，無論背誦、算數、邏輯辯論等，皆在加強大腦各個區域的協調性，以顯得我們更聰慧、敏捷，以及具有競爭性，足以在壓力中脫穎而出，成為生態鏈的主角，創造「文明」。經常鍛鍊的器官也就特別活躍，因此日常生活裡，人類大腦的能量大過於靈魂能量。

思維屬於地球的能量，情緒的變化來自於靈魂，於是感受（心輪）加上思維（大腦），想法與情感的融合成為生活。人活著，便是要拿捏情感和思維的穩定流動。

身為人類，我們亦保有生物性的一面，像是具有侵略性、掌控欲、敵意等等，這是無法以理智克服的本能野性。矛盾的是，我們又需要感情的連結，需要被理解、被接納，能夠相互合作和交流。人際關係也就成了我們生活重要的焦點：從家庭、學校、職場、社會、國家，與各式各樣的人們相識、團結或者碰撞。

如果靈魂無法全然理解地球的能量流動，以至於靈魂難以操作身體的表現，心輪／靈魂能量和身體缺乏連結，容易使人「聰明到失去良心」，以競爭性的個人利益優先，引發社會的動盪，像是出現詐騙集團、人蛇集團。

「小我」就是人類的生物性。我們面對壓力會恐懼、害怕、迴避，甚至會自圓其說。無論採取什麼樣的行動，都是為了要保護自己而採取的封閉固守狀態。只要理解「小我」是生物性的本能，源自於不安全感，就不需要急著切割「小我」和討厭自己，那終究是身為人具有的不完美。我們不是神，不需要強迫自己成為神。諒解我們的身體，也是帶入靈魂之愛。

集體潛意識的流動

每一天，我們的思維都從雙耳旁冒出來，加入集體潛意識的濃湯裡。集體潛意識的能量來自於大腦的思維，卻是從肚臍進入。

集體潛意識不會篩選訊息，集體潛意識是生命「生前」累積的能量，更像是載體「求生存」而累積的思緒，偏向人類層次的大腦意識區，也只會顯化在人類層次，譬如展現在我們的生活中。

當各種層次的集體潛意識累積起來，足以影響地球的生命藍圖，影響未來一百五十年至兩百年的時代主軸。創造當下局勢的這群人與靈魂，會在下一生，面對自己創造的未來。這可以是一份祝福，也可以是一份有待處理的課題。

所有的生物都有祂們的集體潛意識，而人類既然成為地球為數眾多的優勢族群，大腦的力量造成的集體潛意識，若是累積相當多的歧視、惡意、控制等等，那麼也將會在下個年代成為戰爭的議題，使人們在衝突中，重新思考化解的可能性。

顯化的力量

思維如同一種念力，是濃稠的各類雜質聚合物。集體潛意識會因為思維的方式，雜質組成會有疏密輕重厚薄之分。所有的感知狀態，最穩定的就是身體知覺。越靠近身體的層次，與土地的關係更結實，與氣脈和地球的能量更為同步。

「顯化的力量」來自「願望」。願望有分輕重之分，例如：執著、幻想／愛，與寬容。當一個人的心態是穩定的，他安於自己的身心並且有餘力關注他人，本身的心態便是充實飽滿，他與地球的狀態更加緊密，這種人的願力，自然加強顯化。反之一個人的狀態是焦慮的，恐慌的，執著於要用某種方式取得幫助，而沒有餘力照顧自己的身心，腦袋思考停不下來，能量都塞在大腦，和身體遠遠脫鉤，願望都是緊繃與沮喪的。

驚慌失措的人，已經和地球的穩定狀態脫軌。他需要的是更多人與人之間的互動，透過交談與思緒的交流，來自外在的提點和支持，鎮定安撫他的身心。唯有身體放鬆了，卡住的執著也相對釋懷，他許的願望才有機會成真。

因此「吸引力法則」並不適用所有人。意念的能量會由於心態的變化，而有極大差異。在許願之前，其實一個人更需要意識到受傷的心靈障礙，以及該如何調適自己的身心。

多數人渴望的金錢與人脈的能量，都和靈魂的規劃有關係，不是個人祈禱就有用。所有牽涉一生的機運發展，更傾向於靈魂層面的獨立規劃。因此許多神祕學，才能從出生時間推測出人一生大約的性情與發展。而地球上的集體潛意識，傾向於生物性層次，像是：心有靈犀、有默契，是群組之間的環環相扣。

以上兩種層次是截然不同的狀態，像是平行道路，我必須重複強調這一點。集體潛意識的能量都與「當下」你的狀況有關，例如在環境中感到安心，在團體內能夠放鬆，或者特別討厭一個人，對某些族群特別有偏見……集體潛意識是「團體、環境、他人、文化帶給你的影響」，靈魂的規劃則是「我天生擁有的」。

集體潛意識之間的衝撞與更替

過去的人們，會因為旅行、工作、感情等各種關係拓展人際關係，人與人的互動促進思維的變化，使人相互比較，更傾向於信賴某種觀點，也是在改變所經之處的集體潛意識濃度。舊有的人文經驗建立在地理關係（譬如亞洲、歐洲），相隔越遠，人們之間的差異性越大，集體潛意識也更加不同，例如宗教觀和文化觀。隨著資訊發達，網路促進大量區域性的集體潛意識的流動，新舊觀點也易產生衝突與對立。

理想的狀況下，集體潛意識的網絡連結應該帶來互助的默契和良善的分享，而非輸入固著的思維。越是固執與僵硬的集體潛意識，便會存在越久，像是老舊傳統的文化觀念，等待後人打破僵滯的狀態。如今人們藉由網路接收到的資訊量越多，大腦有大量的素材可以對照和反思，不會只有單方面的資料灌入。可以說，「所有的自由，都與思想能力成正比」。

限制性的思維，像是「害怕犯錯，害怕失敗，以控制他人為主」，是以恐懼為基底，因此才顯得僵化頑固。這亦是偏生物性、較為野性的能量。

每一代新加入輪迴的人類與靈魂，都在嘗試打破僵固的能量，試圖扮演「不順從」的新一代，使思維的能量恢復流動。例如成為同志、跨性別族群，是要讓群眾意識到「人類／性別／生命不是只有一種標準」。當然其選擇投生的家族，不一定能接受改變的推力。而當事者的靈魂，也可能意識到，沒有自己想像中的有足夠抗壓力。我們看到如今的時代，有更多人們能夠接納和自己不一樣的人，只是所有的改變都需要潛移默化，甚至需要世代更替，才能在衝突中找到平衡的相處之道。

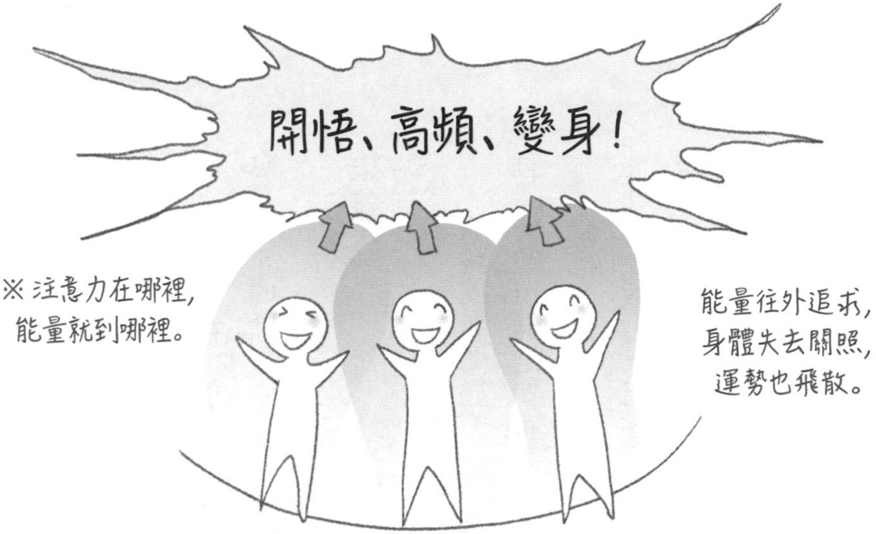
開悟、高頻、變身！
※注意力在哪裡，能量就到哪裡。
能量往外追求，身體失去關照，運勢也飛散。

「想成為」是一種比較與競爭，越是沉迷追求，
往往伴隨「無法接受當下的自己」。
過度的想要是和自己分離，也會累積在集體意識中，
顯化為更勢利、更競爭的時代議題。

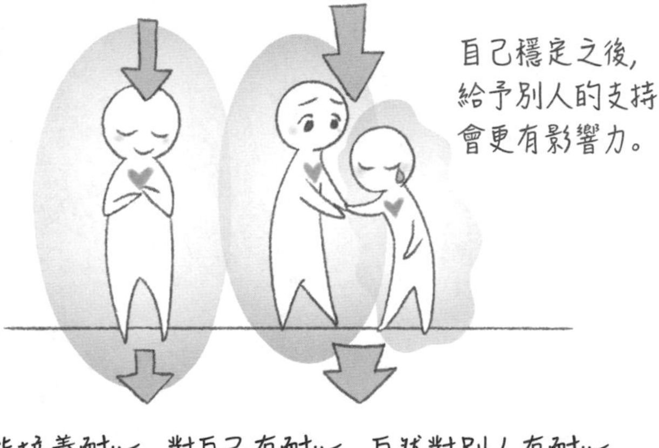
自己穩定之後，給予別人的支持會更有影響力。

若我們能培養耐心，對自己有耐心，自然對別人有耐心，
回到生活和身體，使能量整合。務實，就是愛地球。

或許我們無法改變他人和累積千百年的人類集體潛意識，至少我們可以從自己身上做起。既然我們的身體元素來自地球，這個肉身是地球母親的一部分，我們願意把多少的心念放在關注自己身體的健康，當我們願意愛——輸入愛，愛身體，珍惜自己的存在，真正地貫徹在生活上，成為我們全新的習慣，也是在加強集體潛意識的正向發展——目的就是和地球萬物共存共榮，能夠感受到其他物種的需求。

集氣

網路或新聞經常報導某人遭逢意外，家屬希望群眾集氣給祝福，集氣的動作是有效果的，但是要看當事者靈魂是否接受。

雖然有好心人誠心祝禱，也難免有其他的人產生「傷這麼重，還是早點走吧」的理智，或者「看你不爽很久了，早就希望你出事」的幸災樂禍……人們的意念累積起來容易成為晦氣。我們無法阻止別人怎麼思考、如何反應。無論如何，觀者見到新聞而產生的意念，通通都會彙整起來變成大雜燴。也許好的能量居多，當事者靈魂接受到這些能量，如果祂對人性足夠了解，有技術可以分離輕重能量，萃取好的祝福出來，那麼這份資源，確實可以加速人身康復的效果。

如果靈魂的技術不夠分離群眾的意念，萃取效果有限，那麼飄散在周遭的集體意識能量，有可能會被過來協助的精靈協助分類、給予當事者，或者就被周遭環境的精怪分食掉。又或者，如果靈魂本來就預計要靠這場意外結束生命，祂的拒收也會產生以上效果。總之最後，都要看當事者靈魂是否有留下來的意願。

信仰的能量

信仰，亦是一種集體潛意識。信仰的能量，就是理想化的集體潛意識。如果能透過具有宇宙公家單位認證的精靈梳理，集體潛意識就能更快地累積和流動。當人們需要時，立刻獲得溫暖的撫慰，感覺到安心。

「安心」是集體潛意識所能夠做出最大的幫助，讓人們冷靜下來，為自己的生命做出最適合的決定。有遠見的祂們不會替人做決定，避免操控人們，而是把生命的選擇權還給人類。

頭腦非常需要安全感，要用看得到、碰得到的方式來控制身邊的事物，但是非物質層面的靈界實在太虛無飄渺，頭腦無法確認是否有事情發生，就會產生莫大的恐慌。

經文是看得到的文字，紙本經文拿在手中也有觸感，經文裡面講的佛與菩薩、天使神明，被無數人雕刻為偶像，在各寺廟與道場內敬拜。當頭腦看到、感覺到了，就安心了。安心之後就可以產生信任——是這個「信任」才能發揮祝福的力量。也就是心安了，一切才會順遂。

以經文為例：信徒相信經文的效用，而把意念放在經文上。當數萬人持續地把意念灌注在經文上，才使經文有了效果。然而經文的效果也並非那麼萬能，畢竟人們在念誦過程，腦中思考的、擔心的、牽掛的也都會進入經文體，就像雜質增多了，彷彿多頭馬車，參雜著慾望、渴望，人人都想要透過經文吸收更多好處，因此經文能達到的效力有限。

也由於經文通常和生死無常有關，念誦經文的過程，亦會吸引眾生徘徊。信徒念誦過程就像是打開儲存能量的食物桶，祂們也想沾光、吃光。有些人能感應到祂們，以為經文能渡化祂們。可是有的人反而在念經過程，招致更多的靈界干擾。

被吸引過來的祂們，四成是人類的靈魂碎片，六成是小型的精怪，過來吃幾口，跟著光走到一半又回來了。祂們想吃能量大過於想離開，其實也沒辦法強迫祂們離開。祂們就是單純的愛吃鬼。甚至太貪吃了，會想攀在人的身上、鼻唇前，連人類的陽氣一起吃。

在臺灣地區，人們對鬼神、儀式、敬拜等信仰相關思維，加入當地人類集體潛意識，於是只要使用火和煙等令人聯想到香、拜拜的行為，就會帶來集體潛意識的流動。火與煙，已然成為「靈界的通道」。

祂們為了搶食能量，
都會擠在人的嘴鼻前，
張大嘴接吐出來的煙。

也喜歡趴在頭上、肩頸、後背。

人們都知道瓦斯爐的火
是吃飯用的，就不會帶動
集體意識的能量。

於是有的人體弱，陽氣不足以抵抗，反而越念經招引更多，就像愛媽經常撒飼料，來的流浪貓狗越來越多，簡直被吃垮了。所以不是每個人都適合念經念咒，真的要念最好也是在早上，因為太陽的能量會使精怪卻步，早上念經才會全方位照顧人類的靈魂碎片。只是回到前面所言，如果念經時的心態不正，還是有可能吸引精怪。因此宗教說「修行就是修心」，確實如此。

抄寫經文也是類似的效果。抄寫經文更能夠使人專注，然而在抄寫過程中，如果心念漂浮不定，有各式各樣的想法混在裡面，幫助也是有限的。我看經文的文字，無論中文、藏文或其他語言，聽別人念誦，或者看別人抄寫等等，人們對那些經文有什麼想法，包括慾望，就會加強特定類型的效用。我試著看過念過，不信仰也不排斥，單純的感受原始經文的能量。以我的標準，普通人只要專心一志地在經文上面，是可以透過經文加強效果。

我參加長輩往生的法事，念過幾回經文，我沒有想要依賴經文給予什麼，念起來就沒用。倒是看到長輩的靈魂開心地和墓地中的鄰居聊天。長輩全身閃耀光芒，笑著對我說：「安慰一下其他人吧，為什麼要哭呢？我很好呀！」我真心覺得，辦法事其實是安撫在世者居多，能夠家族成員共聚一堂，好好地弔唁和回憶，讓活著的人相互支持。

當時辦法事的還有其他家族，我聽到其中一家聘請的法師功力高強——也就是能量很專注，真心地想幫助往生者，心態乾淨舒爽。如果往生者生前有些執念，或許還能被法師的心意感動到。但是我聽到另外一名法師念誦，就感覺到他昨晚酗酒，今天精神不濟，能量渙散還帶點酒味，被祝禱的往生者就站在旁邊瞪著他。

我也去過佛堂、靈骨塔參加團體誦經活動，就算有很多尼姑和尚法師道士，也不代表真的有實質功力，大多數都是念著開頭就想著要下班了。靈界就是能看得如此清晰。念經，是念出你的心意，不是只有念表面的文字而已，太多人都只念表面功夫。念經是要你「真心地想為對方做什麼」，你的心才能引入集體潛意識的正向能量。像我舉例的好法師，是真的有善意和堅定的心念，彷彿整個人成為擴音機，才能獲取集體潛意識最好的能量，為往生者祝福，提供接引至靈界的力量。

我個人的經驗是，當你的心態穩定、坦然無私，你的心意就能引導眾生調整頻道，使祂們看見離開的方向。經文和其他的工具都是輔助，所有的宗教都是輔助。

信仰與經文紀錄，終究是過去的一群人，在他們的文化與歷史脈絡中，試著釐清靈界跟人類之間的關係。無論加入任何宗教，有何種理念，在全世界任何地方，終究要回到你的心。當你這個人，能夠腳踏實地地站在這顆星球上，你能夠愛，能夠分享，你的心念，才是貫穿多種維度，成為靈界與能量流動的通行證。

祖靈觀

二〇一六年我去臺東都蘭學「樸門永續設計認證課程」（PDC），花了兩周時間觀察臺東的氣脈。我習慣和土地打招呼，我看見都蘭的土地能量都帶著面孔，像是迪士尼《海洋奇緣》中大地之母塔菲緹（Te Fiti）的模樣，但不是用「一個」而是「好多個」聚合的樣貌，像是一個圍成圈的團體，滿懷笑容又帶著守護、溫暖和堅韌的力量。

祂們像山一樣高，具備野性與寬闊的愛的特質。東部山脈是重疊的，山嶺會漸漸滾下一團團充滿生命力綠色氣團。有時候是老人的臉，或少女的臉，或成為鷹隼的頭部、山豬的樣子……沿著地勢進入海岸，接著成為海豚的模樣，從綠色變成藍色，像是把土地的豐盛擴散出去。

接著我有幸去宜蘭進入泰雅族的領地，隔幾年後又去阿里山的鄒族傳統領域，當地的祖靈樣貌也全然不同，會依存當地民眾的生活觀、文化觀，而有一股庇護族人的群體意識。

我注意到，越是開發興盛的地區，原住民祖靈的樣貌也愈加模糊，會從團體聚集樣變成分散的輪廓，到後來只成為單純的氣團，緩緩地移動，還沒完全進入山澗，便已經消失。

原住民的祖靈力量——其實就是集體潛意識的力量，也在世代替換中，隨著人們的觀念變遷而漸漸稀釋。如果部族之間感情深厚而保持聯絡，通常我會看到這樣的原住民朋友們身上有一股祖靈的庇護能量，像是山林的清香。

我當時也好奇，為何我無法從漢人的信仰中看到類似的庇護與結構？漢人的信仰或許更普及，然而即使虔誠地敬拜菩薩，即使有受到保佑，能量也是薄薄的一層，和原住民身上的「家傳守護」是截然不同的——漢人是後天保護，原住民是先天保護。

Mulo提示我注意土地和氣脈的細節，我才看見，原來集體意識的能量來源，來自於「先人亡故前的意志」。當祖先往生前對家庭有越多善意的情感，像是愛、守護，對土地的敬愛，不執著——這種能量是很寬厚的。隨著先人埋葬入土，相關的情感也就化入土壤之中。而原住民在臺灣五千年以上，世世代代有那麼多的祖先對土地、家園的愛和守護，完全深入氣脈，成了厚實的集體潛意識力量，也就成了祖靈。

而漢人來臺開墾也不過百年，漢人對族群的凝聚力，對土地的愛，對家族的愛，以能量累積程度而言，依然不敵原住民悠久的歷史。原住民對土地的愛和關心，才是真正能庇護後代與未來生活的力量。

漢人的信仰如今也在臺灣各地遍地開花，神轎出巡的活動、陣仗，其實也是要吸引人們的關注，使祂們接收投來的信仰意念，或者搜集沿路民宅神明廳內累積的信仰能量。在靈界，只有你相信，你才會交出自己的一份力量／信仰給祂們，如果你不相信，其實祂們也無法強收什麼。

無論如何，人的意念在哪裡，能量就在哪裡。隨著人們更加關注某些領域，那個領域就會累積成一股無法忽視的力量，成為集體潛意識的一環。

謹慎仇恨的意念

我看過關於邪惡外星人的傳訊文章，有的內容會特別標註「壞的外星人來自××星團」。這其實是可怕的現象，當觀眾憤怒起來，覺得「怎麼有這麼壞的外星人！」一上網找××星團時，也會不自主地把怨恨的能量丟出去。一兩個人還好，如果數百、數千位觀眾都這麼想，仇恨的力量就會凝聚成集體潛意識，像是發射大砲般，直接把恨意丟入宇宙。

Mulo無奈地說，類似的言論與文章太多了。在靈界，「情緒」就是一種危險性武器。當人類無法克制自己的感受，把生活壓力宣洩而出，就把通往××星團沿路所有的靈界存有，包含脆弱的能量星球都毀掉了。所以地球在星際，其實是惡名昭彰的危險。無論靈性傳訊文章說的是對是錯，傷亡都已經造成了。人們真的要對自己的情緒有所警覺。

同理，許多宗教會為了管理群眾，加入使人恐懼、懲處的教條，這是舊時代的管理模式了。只是死忠信徒就會拿「神說的話」批判和攻擊立場不同的人們，這也是在散發仇恨意念。

如果想要代表一個更高的存在，先想想自己現在的情緒——是激動、仇恨還是不滿的？如果真的想要為「世間好」，那麼說出來的話，做出來的行為，應該是要有愛的。愛是包容，是耐心，是自由。

所謂的修行，就是在生活上充滿自覺。人們真的很需要能夠冷靜下來，審視自己時時刻刻的情緒狀態，以及在那樣的情緒中說出來的話、打出來的文字，是否真的能帶給世界和平。至少避免說出具有情緒性的字眼，不要遷怒他人。

網路上的集體潛意識：晦氣

十年前我第一次接觸身心靈的傳訊文章，看到一位外國的靈性網紅說：「我們遭到邪惡勢力的攻擊！我的伴侶和我，正因為這些惡意能量產生了不適的作用……」也是不久後，我看到另一篇外國的翻譯文章說：「黑暗勢力已經滲透到我們內部，我們正在激烈地對抗！即使受到攻擊，我們依然努力不放棄……」

我無法理解這什麼意思。什麼攻擊法，對方的策略，都不清楚啊，而且超級沒效率。如果我是高科技外星人，應該多得是武器，或者不用武器，趁你出門時推一下樓上的花盆，你就被砸死了。攻擊應該是快狠準、一槍斃命。

其後幾年，我陸續見到臺灣國內的各方靈媒、來自不同網站說：「我們被邪惡勢力攻擊了！」真的嗎？我實在難以理解。

我眼中看見的文章，無論是網路文章或者紙本內容，每一段文字都像是超連結。就算翻譯了連結也不會變。當我凝視這段文字或者相關圖案，我的感知力就可以外連，連結到作者描述的「對象」身上。

因此，體質夠敏感的通靈者不需要知道當事者名字和生辰八字，只要看到一句話：「我昨天和表姊出去玩。」就可以感受到作者「我」和作者「表姊」的能量，以及相關的人身資料。反之，若作者「幻想」某人傷害他，但是「某人」並不存在，以及「某人」根本沒做這件事，而是作者的腦補，超連結也會清楚地顯示真相。

若真的有惡意的眾生、外來的侵入能量如作者所言，我應該會看到明顯的外在能量體附著在文章上，然而我只看見晦氣。晦氣到處都有，晦氣是觀眾看文章時，不由自主、無意識出現的想法，例如「我不喜歡這篇文章」、「我討厭這個作者」、「這篇報導不是我的菜」，是觀眾的想法產生的情緒。

尤其政治版更是風風火火，各方黨派在留言區對決，大家看了都生氣、埋怨，相互吵吵鬧鬧。很多觀眾的情緒，也就黏在文字、影片、網站上，變成灰灰黑黑，甚至火紅的業力沾黏。我像隔岸觀火，起初都沒有放在心上。

隨著我持續在Facebook粉絲專頁寫文章，記錄我看到、感知到的靈界。慢慢地，觀眾越來越多，我的版上也出現了「晦氣」。別人的版上有「晦氣」，我沒特別的感覺。但是當我的粉專、部落格出現「晦氣」，感覺就不同了，像是一種沉甸甸的壓力，充滿灰暗黏著的感覺。

我困惑地問Mulo：「是我做了什麼嗎？我並沒有刻意幹麼啊，我也沒有做能量療癒，我只是在寫日記而已。」Mulo回答：「這是正常的現象，當觀眾來到一定數量，超過你自身的淨化能力，人們對你文字的想法，就會連接到你本人身上。」我很驚訝，我只是寫自己的心得，也沒指名道姓針對誰，這樣也會有能量連結？

「因為你可以接觸到靈界，是敏感體質呀。你的能量如果還沒有足夠防禦，還不懂如何保護自己，就很容易因為環境、外在他人對你的觀點，被他人的能量影響，跟著心態扭曲了。」Mulo說。

我才不想要跟觀眾有那麼多的能量連結。我很氣餒，可惜當時的我只能看到能量，還不懂要怎麼處理能量，靈界的我不過是幼幼班，還在學基礎的辨認功課，Mulo也沒有處理這些問題。

我只知道，如果我寫完一篇文，趕快關掉網站躲起來，最好躲個半天、一天，或者更長的時間，等版上的「晦氣」減少了，我也不會這麼不舒服。要錯開大量觀眾閱讀的當下，我才不會透過網站受到影響。然而消極應對，也無法解決根源。

Mulo隨後補充：「因為我們記錄的不是主流身心靈的資訊，而且隨著你可以辨認更多能量，開始寫出你的觀察，以及反對能量療法的心得，原有的死忠支持者一定更不喜歡你了。當他們只要起心動念『我不喜歡你、我討厭你』，就會成為鋒利的能量，尤其對方如果有在修行，本身意念足夠專注，他們的想法隨時可以變成一把刀，戳到你的身上。即使他們本身是無意的——可是靈界，就是更敏感、更脆弱，任何小小的心念，都可以造成巨大的影響。」

我懂，就像我早期遇到身心靈前輩的心態，剛開始只能挨打。其實我不太甘心，為何我想自由表達言論卻那麼難？我盡量避免用冒犯他人的字眼。結果消極應對，「晦氣」還在，而且隨著觀眾數量增多，「晦氣」也更多了。有一陣子我興起了關掉粉專的想法，覺得很難過，因為每次打開粉專，「晦氣」就形成一股沉甸甸的壓力黏在我身上，變成難以喘息的黑暗負荷，就算我只寫快樂的事，只畫圖，我依然可以感覺到觀眾的能量影響我。

我也不懂，討厭我就封鎖我的網站啊，幹麼愛看還愛嫌？Mulo對我說：「其實喜歡你，也會有『晦氣』的喔。說到最後，『晦氣』就是人們的情緒和各種想法，而且是不屬於你的能量。」

我白眼都翻到天邊了。討厭我、喜歡我都有「晦氣」？也總算知道，為何有些靈性網站撐不久，尤其是講真話吐槽的，更容易接受到惡意。我不管粉絲專頁的那個月很快樂，也讓我意識到，之前在各個網站上看到的「邪惡勢力攻擊」，其實就是觀眾的「晦氣」。確實想一想，那些會被轉貼、瘋傳的網站和文章作者，都具有相當的知名度。當時我才幾千個觀眾，就讓我受不了了，更別說幾萬人的頻道，其觀眾累積起來的「晦氣」，簡直無法想像。看起來是我太敏感，而且太弱、太嫩了。

Mulo笑一笑說：「好啦，這是成為公眾人物早晚會遇到的事情。就算沒有靈通，一般作者也是會被『晦氣』影響的呦，例如被觀眾的喜好驅策，變成持續的曝露自己的隱私和私生活，或者更好大喜功，以及被『晦氣』誘發出自己心底的創傷和陰暗面，很多的憂鬱、極端面向的壓力，都是『晦氣』誘發的……成名是一個負擔，至少我們還沒什麼名氣，沒有名聲就是最好的保護。我還是希望你繼續寫你的靈性成長經歷，但是首先，我們要開始來寫功課啦～～要先保護好自己。」

Mulo在靈界加強我對能量的訓練，由長老給我發功課、盯著功課進度。每次身體一睡覺，潛意識Azure就被長老抓去寫考卷了。Mulo也引導我用畫圖整理自己，我發現畫圖是內觀的好方式，讓我把生活上的注意力更加集中，而且當自己身心都專注畫圖時，就像與內在對話，無形中也是在調整自己的能量場，當然，也會影響到我經營的粉絲專頁上。

我的粉絲專頁、部落格，就是我的能量撐起的啊。那是我的場域，是我一個人扛下的，尤其我是個很在乎個人領域的人。當越來越多人閱讀，難免會有「晦氣」

的累積，那我就得擴充我的力量，加強我個人能量的代謝與淨化。於是好幾年下來，靠每天訓練，在靈界寫功課之外還要保持整理自己的習慣，慢慢累積成果。

我也學習到，該怎麼在寫文章時阻止靈界超連結。我的版面有很多敏感體質的讀者，我並不想讓其他人看著我分享的故事而到處連結——後來有網友敲我說，他很意外閱讀我的文章不會外連。「我每次看新聞都很痛苦！就算看到標題都會有東西連過來騷擾我！但是閱讀你的文字有安全感，能量不會亂跑。」網友說。我很高興有人觀察到這份心意。

在公眾平臺上，「晦氣」是在所難免的。畢竟人心複雜，我們都無法預料同一件事情，別人看到的會是什麼模樣，因此，更需要心平氣和地探討、溝通，相互理解。

當人們太習慣對其他人事物發怒、動怒，就是在物質界、靈界和網路社群上累積「晦氣」，也會加強集體潛意識的效果。久而久之，「晦氣」累積起來像是一種時代共業。「晦氣」和是否會留言無關，即使我們只是瞄一篇文，什麼都沒做，我們依然會在文章上留下些微自己的能量。

其實也別因為自己身為讀者而心懷愧疚。寫文章、留言的人，本來就該對自己的文字負責，靈魂也該要有心理準備。Mulo就是做足了準備，才引導我處理晦氣帶來的議題。

如果要當公眾人物的那輩子，靈魂必須要在出生前做好相關防護規劃。不是隨便都能出名、出頭，還得要有相關應變的能量保護措施。Mulo說這部分技術很複雜，講了人類也不懂，總之就是靈魂自己要做大量的功課，才能確保人生出名又保有清明的思緒，和良好的意志。

當然我在網路上看到不禮貌的發言，也會生氣動怒。不過我會在氣完之後，先冷靜想想——我是哪裡被冒犯了？是因為我心靈的傷？還是因為對方的狀態實在無法溝通？接下來我要採取何種策略？

以前我也是發怒後直接嗆回去，現在我會深呼吸，想一想，丟婉轉的文字讓對方理解我的含意。當我確定對方是能溝通的，那我會耐心繼續溝通。如果對方無法溝通，那就算了，封鎖加刪除，我不需要浪費時間在這人身上。獨自生氣完後（我知道這是正常發洩，要對自己誠實，就不忍了），再跟對方的守護靈，或者靈界相關的存有——例如對方的本靈，先道歉，請對方諒解，送個祝福，就可以抵銷我剛剛發出來的怒意。

這個動作很重要，能量是有進有出。一樣東西出去，換另一樣回來。如果只有情緒發出去，造成對方的負擔，我們會換來承擔時代的共業，可能會讓生活上發生更多摩擦，以消除我們發出的惡意。

而我難免生氣、不爽了，情緒一出去，拉著自己想一想，確信我並沒有惡意，趕緊追加祝福過去，就抵掉我剛剛的惡意與不爽快。善意的能量是很大的，對方靈界的團隊也會送來善意的能量，這是互相的。如果觀眾會整理自己的情緒與感知，觀眾本身就是股清流，不會造成其他作者的負擔。

我個人的自保方式是，發表文章後立刻下線，離開網路做其他的生活雜事，至少不要打開個人頁面，大概半天後再回去線上檢視留言與回覆，晦氣三小時內沾不到對象，會回到讀者身上，漸漸消散。同理，體質敏感者可以等作者發文半天後再去看文，減少沾黏到其他讀者的晦氣。

越是對能量敏感，就越要回到自己身上，好好觀察能量的流向和去留，從哪裡開始，該從何方結束，才能真正地解決問題。

CHAPTER

8

心靈的自由與陷阱

靈性的自覺

身心靈概念的成立有前後順序。首先能夠分辨別人跟自己的不一樣：「別人的情緒是他們的，別人的價值觀是他們的，別人的恐懼、別人的要求是他們的……我的情緒是我自己的，我能決定我要的是什麼。」有了界線，才會成立：「每一個人都是獨一無二的個體。」

若無法分辨自己和別人的差異性，習慣性配合別人，總是以別人優先，漸漸地也失去獨立思考能力，無法靠自己找到生活的方向。不清楚自己要的是什麼，最後演變成無價值感，遇到緊急關頭只剩下盲從，無法跳脫舊時代的傳統約束觀念。

唯有人與人的界線出現之後，我們可以和別人不同，我們才會思考：「我要的是什麼？」然後拒絕不需要的。我們「值得更好的對待」，就有「勇敢說『不』的權利」。當我們能夠決定喜歡的方案，我們自然想學習，渴望成長，產生自信，享受生命中每一個過程。

認識自己，是我們在時代的風雨中，能夠穩定立足於世界的錨點。無論未來面臨多大挑戰，都有信心再次振作，能夠對自己的存在充滿正向樂觀。有的人接觸身心靈，一開始就追求「和世界合一、和群眾合一」，還沒有建立健康界線的狀態下，誤以為「合一」就是要無限接受，沒有意識到自己「有選擇的權利」。持續應付別人的要求，大量吸收別人的負能量，每個人的說法都填滿到他的身心，一味追求「成為好人」，沒有意識到「我應該保護自己」。當個人意志萎縮得太小、受傷，情緒長期低潮，就會出現憎恨、厭世，痛苦得無法自拔。

「當下」固然重要，可是「過去」造成的經驗會重複牽絆當下的選擇，導致我們重複地遇見某些事情，遇見某些人，而「情緒」可以幫助我們找到「過去卡住的關鍵」。

面對情緒不容易，打開老舊的結需要一次又一次的嘗試，也唯有打開死結之後，我們才能真正地回到當下，為自己活一遍。當代心理學已經有非常多探索情緒相關的專業書籍，宇宙早已送來自癒的技術，協助我們能夠好好生活，使自己身心完整。隨著個人的狀態錨定好，看出的世界才會充滿希望。滿心喜悅、自由地活著，不就是我們每一個人所期待的？

心靈開放，又有穩定的界線，就能夠拒絕不公平的關係，爭取必要的權利；保有個人的力量，開敞心胸，我們就會想嘗試和更多人合作，有重複挑戰的動力也不怕失敗，漸漸擴大個人的影響力。

在群眾團體中，我們認識適合自己的夥伴，勇敢離開不適合的人們。在能夠真心交託的情感中，彼此互相支持，若有衝突矛盾都可以好好溝通；我們都有共同的目標，那就是創造更好的未來。到了這個階段，人、群眾、世界，才能來到萬物合一。

所以一切的開始，要從「個人自主」建立。

如果所有的問題都來自人際與生活，解決方法也要回到人際和生活。有耐心地從個人自覺發展，在未來進入更廣的層次，才能找到身心內外的平衡。

心是生命的指標，心也會受傷

近年有個口號叫做「做自己」，鼓勵人們「傾聽心的聲音」。但是受過傷，狀態不穩定的人，受傷的心很容易激起逃避反應。例如看到別人的雙眼就感到畏懼，常態性地焦慮沮喪，身體的反應都是逃跑、閃躲、退縮。彷彿受傷的小動物，總是覺得自己差勁，沒有價值；能量習慣往內壓縮。如此退縮逞強的狀態，無論怎麼做都感覺到挫折失敗。

而靈界會放大人心的問題。當靈界眾生遇到心靈受傷的人，很輕易地趁虛而入，附身在他們身上產生「我再也無所畏懼」的假象，像是：「我是救世主，我最強大！」或者：「我代表神明，如果你們不聽我的話，就會業力引爆！」出現權威現象——扮演不是自己的角色，企圖獲得掌控別人的檯面下，便是生物性的本能：競爭性、恐懼失敗。

心靈受傷的人真正需要的，是能夠意識到世界上有很多種愛的方式。

無條件的愛

愛有很多種方式。「無條件的愛」是嬰兒與主要照顧者的關係，嬰兒完全依賴成人的食衣住行照顧，成人也得忍受嬰兒的不理性和哭鬧，全然包容嬰兒的任性。在這裡，「無條件的愛」也意指「照顧者能控制嬰兒的所有需求」，有隱藏的權威議題。

當孩子漸漸長大，成為青少年，青少年想要有個人時間的安排，想要有外出的自由，甚至想要談戀愛，有親密的身心接觸。家長「無條件的愛」的完全包容和完全控制，已經不適用於家長和青少年的關係。青少年在完全的控制中只想逃跑，家長不得不承認「青少年是獨立思考的個體」，得「適當放手」，面對沒耐心、叛逆期的青少年，家長得花大量時間溝通，拿捏更適合的距離感。

朋友之間的愛，是相互尊重，建立在互信和真誠之上；與伴侶之間的愛，又需要緊密地團結合作，能夠互相支援、平攤壓力，一起面對未來的挑戰。成年人之間的愛，互愛但是不能任性擺爛，因為「早就不是嬰兒了」，並不適用於「無條件的愛」。

然而很多人在生命中經歷挫折，渴望尋覓嬰孩時期的「無條件之愛」，但當進入一個宣揚「無條件之愛」的團體中又會發現，那些宣稱「具有無條件的愛」的人，往往也是最嚴格的控制者，會以「我都是對你好，我愛你們，所以你得聽話」，立下密密麻麻的宗旨和限制。不能這樣、不能那樣，要嚴格遵守教條，使得信徒更怕犯錯、害怕被罵，又重演童年無法得到愛的模式。

我曾經聽聞某人進入某宗教場合，身體因為不明原因顫動和大哭，完全停不下來，持續好幾天後，他再次回到宗教團體，承諾加入，眼淚和身體的異常都停止了。於是此人深信這個宗教就是他一生的救贖。我親自進入這個團體看見的是，這個宗教場合爬滿吃人能量的精怪。這並不安全啊！根本充滿太多的控制、威脅和慾望。

我從靈界申請資料看見，原來他的身體習慣在高壓、受控，「以愛之名」的家庭中長大，父母性格激烈，嚴格控管孩子——他的身體已經習慣「家」的能量氛圍，他所進入的宗教場合中，其教主、教義，也非常符合他父母的氣質，團體內闡揚的話語和信念，都是「他的身體所熟悉的」。即便此人的頭腦認定「我要脫離原生家庭的場域」，然而他的身體、心靈受傷的部分，不由自主地再次回到類似的結構中，然後重演他在家庭內發生的一切：被忽視、被排斥、不被接受等等過程。

如果人類的成長過程很辛苦，大腦的思考也會受到限制，甚至合理化扭曲的信念，像是：「因為我很差勁，所以我會吸引壞的事情發生，一切都是我的錯，我活該招致懲罰。」以至於進入壓榨的團體關係，一般人會感覺不安全而抽身逃離，而經驗和思考受限的人，卻會合理化這些虐待，甚至還會抓更多同伴進入不健康的團體內。把壓力、處罰、羞辱視為愛，那就是許多邪教組織的起源。

受傷的身心靈，由於過去沒有被好好對待的經驗，判斷失準，容易讓自己在無意識裡，重複進入危險的場域，認識危險的人。因此，認識自我的情緒與感知，能夠辨認自己的受傷程度，也能避免被利用，降低被洗腦的過程。

越是在急躁與繁忙的時刻，越是要停下來想一想，你心裡在意跟頭腦煩惱的事情，都是別人的事嗎？是否留有一絲餘地，能夠安頓好自己一個人的從容與穩定？

內在受傷的特質，往往與人有關，像是無法和自己獨處，或者抗拒所有人際關係，對人際不是太緊密就是太疏離，並且排斥改變的可能性。「習慣舊有的模式」也可能是「已經習慣受傷了」。而「害怕改變」、「害怕做不好」，所有「害怕」的情緒也都和心靈受傷有關。如果能在當下覺察到，「原來我擔心、害怕的事情有這麼多」，就是你的心靈需要被好好照顧了。

身心靈的陷阱

當代的身心靈領域已經成為商業活動，難免會有宣傳與誇大。人們一定要保持警覺，不是商家／老師／通靈者說了就一定正確，請記得你保有自由選擇的權力。

大部分的人們都有權威議題，「宇宙、神、源頭」更是權威。如果商家代表著「宇宙、神、源頭」，假設你買了能量產品和課程，使用的過程卻感覺不到能量幫忙，商家會承認「宇宙、神、源頭」有錯嗎？我最常聽聞的是，商家告訴消費者：「這是你的問題，因為你不夠努力。你要更努力地買其他進修課程提高頻率，宇宙才能幫助你。」這其實是變相的推卸責任，哪有只能消費不能退費？而且錯的都是消費者？消費者完全沒有任何保障。

人是人，靈界是靈界，別混為一談。尤其人與人之間是平等的，不該有操控和懸殊的權力關係。扮演不是自己的角色，終究會出事。

我曾經在深度的催眠裡，意識清醒地探索我的過去。我想往左走，能量治療師指示我往右走。我直覺我應該往左探索，對方搬出一句話：「你要臣服啊，不要再抵抗了。」變相地強迫我，讓我非常不舒服，心中升起強烈的恐懼：我正動彈不得，我只能被操控。被深度催眠的我是敏感的，我感覺到這句話是他大腦的好奇，是他的私慾，並不是其他存有的力量，他只是想知道我的「故事情節」。我告訴能量治療師，我不喜歡他引導的方式，他卻堅持自己「代表宇宙、神、源頭」，他是不會錯的。但是我的恐懼是真實的，我沒有感覺到被尊重跟接納。真正的宇宙會帶給我恐懼嗎？顯然不會。

「臣服」原本的用意是：放下你所無法控制的。但其實「放下控制」有許多模糊的地帶。如果你正在被剝削，無論是情感和物質上，正處於不公平的控制，「臣服」就變成危險的概念，合理化權威的剝削和操控。因此在談到「臣服」的概念以前，人們更需要意識到「我的力量」和「別人／包含靈性其他存有的力量」，要能夠分開兩者。先有個體的界線，才能判斷「我在安全的位置」，或者，「我正處於不利的位置」。

太多時候，靈性的話語都變成一廂情願，把複雜的人性簡化了，使受害者失去逃脫的自覺，被傷害還要檢討自己不夠「臣服」。尤其許多能量療法強調「由高我和宇宙引導，所以絕對安全」，我也會反問對方：「你看得到個案的高我，也能看到宇宙的幫忙嗎？你要如何確認？」他們大多避而不談。更不可思議的是，我詢問許多販售能量的商家：「你們能看到能量結構嗎？」他們都說「看不到」，但是堅信「有能量」。

我甚至聽過太多人上了身心靈課程，上到卡陰還退不掉。如果能量療法的過程有所閃失，誰要來收拾善後？畢竟個案交託的不只是金錢和時間，還有信任與健康，不是一句「你要相信」就萬無一失。因此所有的幫助，還是要回到人類層次，而非全部都推給肉眼看不到的靈界，很容易會變成人類層次的逃避責任。

大部分的人想要的東西，都是地球的物質層面。其實人的慾望，是我們需要重視的問題。沒有克制的物質慾望，會導致地球生態過度開發和資源的浪費。尤其慾望在靈界又成為精怪吃食人類能量的方式，我們失衡的生活行為，會有自然界其他的存有過來取得平衡。我們其實創造了自己的靈界生態鏈。

「若宇宙是無限的，那地球資源也是無限的？」當這句話並不成立，不妨倒推回來想想：「如果地球的資源有限，我在地球能夠做什麼？既然沒辦法得到所有我想要的東西，現階段我最需要的是什麼？我該採取什麼行動？」所有的夢想跟期待都要回到現實的執行，而不光是想像而已。

宇宙的資源的確無盡，但是宇宙會觀察：「這個人，現階段值得幫助嗎？過度放任地給予，會造成浪費和傷害環境資源。那麼這個人在有限的資源裡面，有珍惜的概念嗎？」宇宙會檢視這一個人的心態成熟度，而且是好多年的觀察。確保此人具有調適壓力的能力，把最少的資源做最大的利用，個人的狀態足夠穩定到幫助這個世界，那麼宇宙就會幫助這個人。宇宙不是誰哭誰鬧就給糖吃。宇宙是有智慧的。

大腦並不是阻礙我們靈性發展，大腦的理性邏輯，可以協助我們思考生命中的輕重順序，排除商業廣告陷阱。我很鼓勵大家動動腦袋，思考各種邏輯性。如果有一句話要求你做什麼，就反過來推想：「如果這句話不成立了，會發生什麼事情？」我在集體潛意識的篇章談到，人的自由跟思想的廣度成正比。只會接收資訊但不會辨別資訊，總是複製貼上的話，沒辦法創造你的無限，你只是在重複別人的人生。所以多多思考，抱著存疑的心，即使靈性大師的話，也不代表你都得全盤接受，包含我說的話，多想一想，無論如何，你都有選擇權。

我們不斷地談「自由意志」是生命最可貴的能力，但又有多少人能夠保有自由思考的空間？自由往往代表著負起自己人生的責任感，卻不是每個人都可以辦到。

有很多人需要找一位權威依賴，若是沒有大師給予他人生的提示，沒有教條的限制，他就不知道該怎麼活了。所以算命行業才歷久不衰。

是的，人很脆弱，也因為我們脆弱，所以我們能夠練習面對自己的脆弱。當我們回到人類層次，看見自己的限制，才能知道自己的可塑性。

修行

身心靈的領域有非常多以頭腦為主的修行方式，像是要證明自己是特別的——就要採取激進的方式，譬如灌腸來洗滌內臟的不潔、拿鋒利的刀具在身上敲打穿刺（眾生附體，祂們是不痛的，因為人只是傀儡）、要在冰天雪地或者烈火上接受磨練……這些實際上都是在折磨自己的身體，斷掉和地球的連結，最後都是為了要證明：「我很強，我不是普通人類。」

但其實修行，修的是你跟自己的關係。沒有那麼多五花八門的花招，修行是看不到的內在功夫，不是要證明給誰看。若是想要證明什麼，都是大腦的虛榮感作祟。所有的經文還有戒律，到最後要求的都是「誠心誠意地、專注在一個目標上」，專注力在靈界就是精準的行動能力。即便有了專注力，然而心態若是歪斜的，帶有生物性的競爭、好鬥性、批評性，那麼修行累積的強大專注力，往往成了詛咒他人的惡意力量。

因此修行又和自我覺察有關，是自律，不是自殘，更不是對外的侵略性，並且要謹慎，避免不小心進入頭腦的「求好心切」。修行，是一種時時刻刻都謹慎地觀察，調整心性平衡的狀態。

耐心是最重要的，慢慢地累積力量，緩緩地安頓自己，細心地觀察。慢，就是靈魂的力量。身心靈需要敏銳的覺察，細膩的體會，又要有寬鬆安穩的心態，能夠自我調適。生活的平衡，內外在的協調，會是一輩子的功課。

宗教以及對靈界的寄託，就像是心靈的拐杖。當我們遭受生活上難以忍受的壓力，沒辦法靠自己的力量站起來，信念與教條能夠帶給我們心理支持，團體能夠帶給我們情感連結。但最後，我們依然要有復原的力量，可以靠自己的力量行走。

能量周邊產品

人類的歷史中，能量療法一直存在著，都在追求上天的指引。因為命運多麼無常，人們需要藉由外來的「更高力量」來指點迷津、排除困擾，保障一生安穩無憂。千百年來，關於宗教、通靈人士及靈界能量的追尋，從未間斷。然而人類對能量的渴求，心態上牽涉到太多私慾，沒辦法讓能量管道保持順暢。

我早期使用某老師開發的精油噴霧，起初感覺很有能量，漸漸地我感到不太對勁，直到我發現，老師把他的靈魂能量（也就是靈魂碎片）放在產品裡，這是另一種簽約：「我給你我的能量，將來你要還我。」可是要還什麼？怎麼還？都隨他開了。我再仔細分析，老師的產品中伴隨「渴望被認同」，慾望導致陰性眾生寄住在噴霧內，就像參雜蒼蠅和螞蟻，我只好扔掉了。

相似的詞彙像是開光、加持，都是加入能量管道的連結，或者把靈魂碎片送給信徒，這又產生了未來的償還機遇。事後我也聽聞那位老師的狀態不好了，因為靈魂碎片分散到各個學生身上，他肯定不穩定，不穩定的品質透過產品影響到學生，師生相互掛鉤，也幸好我早就沒使用相關產品，才沒捲入他們之間的連環爆。

即使能量療法目標有多神聖，一旦出現違背他人意志的操作，像是「希望別人愛上自己」，這種控制的私慾就成為黑魔法。更別說共用能量管道的問題，是精怪，還是精靈在維護和使用管道？看不到的人也無從辨認。

脈輪等能量療癒，大多是個案不必動作，能量師隔空操作即可。然而，只要有「能量的輸入和調整」，就會有「切開能量場」的動作。負能量和壓力確實會因為

「開膛剖腹」瞬間跑出來，當下感覺舒服，但是縫補的技術呢？不忍說，很多連縫補效果都沒有，反而導致靈界眾生鑽進來寄生，個案好了一陣子，狀況又變差了，得回來做能量療癒。隨著傷口重複切開，縫補效果又差，結果導致能量場大破洞，連運勢都流失。甚至很多能量師的能量會留在個案體內，就像沒有消毒，雙方的能量緊密連結。

地球就存在宇宙之中，為什麼宇宙非要透過「人」才能給予能量？這是邏輯問題。沒有花錢買能量這回事，靈界沒有宗教贖罪券。商業行為交流的都是「人與人的能量」，像是「運勢跟壽命」。能量療癒無法幫你改掉壞習慣，更沒辦法幫你化解業力，就像你沒辦法要別人幫你吃飯。自己的問題，一定得自己去面對。想要得到更高層次的力量，只能靠自己的心意啟動。

Mulo說：「既然這一世你會與我合作，那麼我們也有一定程度的義務說出實話：人類並不需要施作能量療法，這是真正的解答。所有的問題都是準備好的時候才會出現，當人們願意面對生活，面對問題進而找資源解決，就能從解決的過程中培養自信，累積改頭換面的力道。」

小湛我在靈界學習時，我的靈界導師都強調：「你在製作能量的時候，你的所有注意力只注意當下，你的能量就是你的身體一部分，要珍惜、重視你所有的能量細節，那是你靈魂的智慧與對世界的連接，是你的存在意義，容不得一絲分心和恍神。」我也困惑了，如果所有人類的靈魂都有去靈界上學，應該也有基本觀念吧？

Mulo解釋：「沒有人喜歡寫作業啊。所以很多人類的靈魂在靈界都靠自學，沒有上學。靈界很自由，靈魂之間的能量技術落差非常大。長老和我就很注重技術層面的學習，才會給你安排靈界的進修。也許被盯著學習很辛苦，然而一旦學到一個程度，就像你現在發現的，也是有很多靈魂在矇混過活，或者自以為自己很厲害了，什麼都不必學了，但是祂們卻連基本照顧自己人類的能力都沒有，人和靈都活在自己的世界中，無法往外建立平等的人際關係。

「靈界的活動，非常看當事者的靈魂心理素質，如果沒有嚴謹對待自己和旁人的心意，還是別弄能量療癒了，其實都在騙看不到能量的人類。真正厲害的靈魂，是兩個世界都有成功之道，既能獨立又能團體合作，我還是建議人們先落實在生活中，打好基礎吧。」

能量療癒會深入個案的能量場，至今我還沒有看過合格的能量療法和能量師。我只能奉勸大家回歸生活，靈界能量是非常深奧的技術，結構複雜容易沾黏，更容易累積成業力，或者變成下輩子的緣分，真的不是單方面以為沒事就沒事。

我的畫圖班學生中，有些職業就是醫生、護理師，他們之中有人也看得到靈界存有，我能看到他們的靈魂本身就是醫療系統的專業。人類的他們在醫院裡工作，能量上就在支持病患的心理健康與傷口的修復力。其實靈魂的專業，與人類正在做的工作，通常都有關聯性。因此有能力的靈魂，會進入各行各業，發揮其專長和影響力，既有物質的實際收入，又有靈界的專長發揮，同時顧及兩個世界的幫助。

確實我認識一些製作能量產品的人具有善意，但是靈界的能量是：錢是交換你營業與研發的時間，錢不能兌換能量。能量的流動是：你發自內心想給，對方接受或者不喜歡，都是回饋。心意就是能量，能量一來一往，就平衡了。如果已經學了能量療法，自己操作就好。至少能量僅有自己裡面的流動，不會牽扯到和其他人的是是非非。

真正的療癒與幫助，還是要回到個人身上。當你有心面對，願意採取行動、面對人生，就能啟動自己的療癒力。

靈性上癮

我觀察到一個現象是：身心靈會上癮。有些人聽到「靈性」就會雙眼發光，在意的、談論的都是和靈界、靈魂以及從其他身心靈網站與書籍中學習到的字眼。

對我來說，當我與別人對話，我會專注在對方的眼神、話語、身體的姿態，我會注重當下彼此的交流與關係。也就是說，我會重視對方的存在與每一個反應。

但當我和「靈性上癮」的人聊天，這種人的狀態卻很極端。只要我講到「靈魂」、「靈界」、「能量」，他所有的注意力都集中在我前方，專注到甚至帶有狂熱，有的人會全盤接受我所講的，有的人會帶著質疑與戒備的氣氛（懷疑我挑戰他的信仰而準備防禦的狀態）。無論如何，其專注力、氣場的凝聚都很驚人。但只要稍微偏離話題，談到「身體的健康與保養」、「生活的覺察」、「安撫自我情緒」等等個人生活層面的事，他們的專注力就瞬間瓦解，甚至看到魂都飛走了。

有時我會測試地把話題繞回來：「你的能量場需要注意⋯⋯」他的專注力又集中了！因為有關鍵字「能量」。一旦我談到：「你的水喝太少⋯⋯」就看到他的意識渙散，神遊虛空，簡直像雲霄飛車，忽上忽下。

他只想聽特定的關鍵字，並不在乎我這個人。換句話說，他們的心中有一個堅強的堡壘：只允許想要的進入，其他無趣的東西統統隔離掉。或者，他們會拿出其他人的說法：「某高靈說⋯⋯某經典說⋯⋯」

溝通很重要的一點是「你跟我之間的關係」，人與人是平等的，和什麼高靈經典都沒關係。我們該在乎的是眼前「這個人」，此時此刻，你有重視眼前這個人的存在嗎？別再拿重重的包裝，把真實的自己隱藏掉。

此外，我也發現「靈性上癮」的人，生活一旦出了狀況，寧願花大量金錢購買靈性商品，也不想參加正規的心理諮商，譬如蠟燭、水晶礦石、花精、魔法商品、頌缽與音叉、華麗的卡牌、熏香與能量音樂……而且他們非常在乎「與眾不同」，總是看著最高最遠的東西，其實也是種虛榮感。

或許儀式感可以讓我們感覺到控制，帶給我們視覺聽覺以及觸覺的饗宴，尤其當我們訴說自己的痛苦與脆弱時，彷彿能被溫柔地接納。但其實整個過程裡面，絢麗的顏色，親切溫柔的態度，平和的氛圍，都是童年受傷的我們當時無法擁有的部分，那些只是在滿足我們童年所缺乏的新鮮感、安全感。

人還是得帶有一絲理智，偶爾可以進入迪士尼樂園讓美夢成真，也要記得刷卡後看到帳單的現實層面。內心的傷，會因為商品與安慰的話得到暫時的滿足，卻無法真正解決生活上的問題。如果缺乏現實感，就會沉浸於不停地購買，甚至有人不惜借貸，都要購買標榜能量的高價商品，變成嚴重的經濟負擔。對能量的嚮往，其實也是在逃避心靈受傷的狀態。

當人們「設下一個目標」，例如想要開悟、想要升級、要成為高頻人類……通常這個追尋的背後也是「不喜歡現在的自己」，感覺自己很糟糕，恐懼自己不夠好，恐懼被遺棄、被大家討厭。在身心靈的路上，很多人都在尋找一個解脫的目標，卻沒有先去察覺心靈的自卑與恐慌的源由。

請記得，大腦的生物性特徵就是競爭、分級、分標籤、分出優劣。因為「開悟」而有「非開悟者」，因為「成佛」而有「非成佛者」。而精神層次的靈界超越所有標籤，我們只需要能夠「好好陪伴自己」，思考自己需要的和不需要的，尤其透過認識自己的傷，看到不適合自己的價值觀，把別人的標籤，不適合自己的包裝一一褪去。每一次釋放過去帶來的限制，就彷彿脫掉一層殼，隨著找回自己的靈魂碎片，你會發現從未想過的自己，你的存在超越所有的標籤，你的內心原來有這麼多的愛與守護。光是陪伴，就是強大的療癒力量。

沒有人能夠替你走內在的路途，只有你自己，這是屬於你的英雄旅程。

以付出來逃避自我

我認識一位能量師，他的個性溫順，正職是照顧孩童。然而他在照顧別人的過程中，忽視自己內在的傷口，彷彿別人好了，他也好了。

而我看到的畫面是這樣：他的心輪儼然是一座巨大的蜂巢，充滿縫隙與小房間，被他關愛與呵護的孩子們也愛他，如果孩子在家裡受挫折了，會無意識地分出活靈逃到他這邊住下，那些孩子的活靈非常地依賴他，以至於雙方的界線都混淆了，這些孩子的活靈住在他的心輪來來去去。他亦提供成人身心靈的服務，也是在呼喚成人的活靈過來與他結合為一體，讓他感覺到內在的滿足與豐盛。換句話說，是以他人的能量來補充自己的空洞。

是的，他真的是友善的人，但是他人與自己之間混淆的界線，究竟是誰的傷、誰更需要被關注與恢復，已經分不清楚了。連帶著他的氣場十足混亂，充滿不是他的能量。

他曾經在公開場合表示他感覺自己越來越好，一切都上了軌道，從來沒這麼好過，感覺上帝祝福他一切都美滿如意……然而看到他心輪中充滿成千上百個眾生（繼續累積），我還是沒辦法認同這是身心健全的狀況。他個人的能量非常地破碎且自卑，深深地埋藏在其他人們的活靈之下，實在令人遺憾。

因此，我很介意人們在幫助他人之前，是否能先把自己的狀態顧好？不然會在無意識的狀態下，拿他人的信任、依賴等關係的能量，填入自己傷痛的缺口。往更長遠的方向來看，能量師與諸多人們締結了下輩子的緣分，畢竟人們的能量卡在他的體內，人們的靈魂如果想要離開地球，就需要恢復完整。未來人們需要向他討回各自的能量，他欠了這些孩子與個案非常多，還起來是非常辛苦的事情，要把化為自己一部分的碎片剝下來，他能否割捨，又是另一回事。

我心想，我可以提醒對方嗎？靈界的長輩們回答我：「既然當事者認為他是師資，他就得靠自己的方式去覺察醒悟。如果今世他都不知道，那下輩子之後，他就知道了。」

能量真的可以代替醫療嗎？

有的身心靈團體會販售周邊商品，無論是無形的能量課程，或者是有形的能量商品。既然有供給，也就有抱病在身的人，甚至重症患者陸續加入，希望宗教和能量能夠給予救贖。我看見難以置信的現象，例如：「停止藥物治療，吃我們的〇〇能量商品／符水就好了。」這些販售者常用的說詞是「藥物不好，吃多傷身」或「不要化療，化療傷身」，竭力推廣自己的能量商品與能量療法。

我眼睜睜看過幾個人，一開始和正常人沒兩樣，到後來雙腳嚴重滲水、發膿，直到全身骨瘦如柴，四肢腫大，需要人攙扶才能走路，然後有一天就沒再來了。或者，一開始看不出病症，在短時間內暴瘦，突然倒下被師兄們送去急診，再也沒出現了。沒有基本醫療知識的宗教團體，雖然心態上想助人，實際上根本沒能力助人，等人死了還會說：「哎，他的業力實在太重了，我們也沒辦法。」

很多病患對醫生、醫院有強烈的恐懼，再加上宗教與能量團體的反對和鼓吹，以至於病患錯過最佳的醫療時機。他們越怕死，越相信宗教與能量療法，非得等到喘不過氣，或者失去行動能力，才被抬著進入醫院急救。疾病帶給人的傷害其次，最大的問題都是自己的恐懼，矇住了雙眼和思考能力。明明命不該絕，真要歸咎為業力爆發，那麼病患也是業力爆發了，才會相信沒有醫學知識的團體，間接害死自己。

我有一位朋友，他有長年的腫瘤，而且越來越大，身心靈的老師都要他停止藥物，不要開刀，靠祈禱和自我覺察以及能量療法就能治癒。他嘗試了，腫瘤並沒有縮小，還繼續長大影響身體，他問我該怎麼辦？我一看就說：「你要立刻開刀。」

如果這些能量與信仰有用，短時間內就可以看出效果。我們或許會期待有奇蹟發生，但是如果沒有呢？惡化的疾病不會讓人猶豫，手術後他復原良好，朋友對我說：「還好我有開刀，醫生說再拖下去，腫瘤會大到壓迫其他器官，可能導致大失血，會有生命危險。」是啊，我也是一直祈禱我的智齒別發炎，但它還是重複發炎了，為了健康我也得拔牙。我沒辦法靠祈禱讓我的智齒消失，非要找牙醫處理不可。

很多時候，包括我在內，人們都會害怕「未知的恐懼」。因為疾病和疼痛實在太難熬了，服藥、手術感覺都是人為介入（包括打疫苗也是類似的概念），當我希望保持健康，但還是生病、出事了，這時也得承認我的無能為力，試著相信其他解決的方式。

能量療法，只適用於疾病還未顯化的時刻，像是日常保養的概念。如果身體真的有明顯病痛，還是請去醫院給專業人士診斷，多問問不同的專業意見，別被恐懼蒙蔽判斷能力。

藥物的使用

有些病症明顯地出現在生理上，也有的病症是無形的，像是思覺失調。無論是哪一種，都不需要把藥物妖魔化，因為醫生不可能會開給你致死的藥量。

這些年遇到太多網友問我是否該停藥，我只能說，讓激素跟大腦的神經物質起起落落並不好，藥物輔助要經過一個完整的療程，但是很多人都會擅自減藥、停藥，治療就沒有效果了。如果藥物讓你不舒服，可以告訴醫生減量或者更改藥物，有調整的餘地。大部分擅自停藥的理由都是：「我現在好一點，不想依賴藥物。」但其實藥物在醫師的評估下並不會成癮，減藥也要讓醫師評估。請和醫生保持聯繫，這非常重要。

我認為宗教和能量療法都是輔助，帶來心靈的慰藉，如果我們的心靈還不夠強健，身體也出問題了，最好還是找西醫診治，至少西醫有全方位的儀器和診斷，讓我們更清楚身體的狀態。若疾病已經造成明顯的痛苦，那就是壓力長期的顯化，更要回歸物質界好好地照顧。

我很高興身邊有許多可以談論用藥的相關人士，其中一名朋友說：「藥物就像是在學騎腳踏車的輔助輪，有些人一開始沒有輔助輪，一直摔倒受傷會痛也會害怕，反而沒辦法學會騎腳踏車。所以我們用藥物作為輔助輪，是為了讓你穩定下來一點之後，可以去處理生命中的議題。等到你學會可以自己騎腳踏車了，我們也要慢慢來，去適應沒有輔助輪的過程，一開始一定還是會跌跌撞撞，所以輔助輪要慢慢減少。但也有些人是生理上平衡感不是很好，那可能要一直使用輔助輪騎腳踏車，至少可以生活，不會摔倒。」

當我們身體和心理的疼痛與壓力太大，已經到了沒辦法用我們的意志去扭轉的時候，請使用能讓你舒緩的方式，尋求相關幫助，先度過當下的難關。如果身體和心理的壓力無法被西醫診斷，或者無法相信西醫，那至少試試看中醫，讓中醫以調理的方式減緩身體的症狀。

無論選擇中西醫，你都可以保持自己的信仰與對能量的虔誠，最重要的是給自己加油打氣，我們的身體也不好受，越痛苦越要好好愛自己，持續地安撫自己。

疾病往往都是身體累積太多的壓力才爆發的，這些壓力都是累積數十年的痛苦，有苦說不出，才顯化為疾病。因此疾病是身體對我們的求救，希望我們能關懷，像是孩子渴望愛。疾病是要我們停下來，立刻停下來，替自己想一想，即使面對無常，你還能對自己有愛嗎？疾病是赤裸裸的，顯示我們與自己內在的關係，我們無法要累積十幾年的創傷「立刻、瞬間」康復，那麼至少用手邊可用的資源，先減緩內在和身體失衡的痛苦。

醫療是生活上幫助我們的工具，醫療是中性的，只有恐懼會使我們害怕犯錯，害怕做選擇。要搞清楚，現在讓你不安的，是你心中的恐懼還是醫療？

致幻性管制品

我並不建議人們使用大麻、死藤水、相思樹水、迷幻菇等法律管制性的草藥，這些管制品在臺灣被歸納為二級毒品。

西醫的藥錠或許會讓能量場偏薄——然而人的壓力大，能量場都會偏薄，如果長期失眠，至少安眠藥先讓你好睡與放鬆，輕重取一，但還不至於破洞。醫療使用的管制品都會有劑量限制，還算安全，可是民間使用的劑量，並沒有明確的藥量管制。

我曾經看過服用死藤水的紀錄片。儀式開始進行，團體周遭就聚集密密麻麻的眾生。當藥效發揮，大腦當機，人的能量場瞬間破洞，眾生一湧而入，靈魂被擠出身體，進入渙散的靈界感知。當藥效消失，身體都被眾生填滿，當事者覺得更好過了，因為他遺失大量的靈魂碎片在叢林裡，以至於能夠輕飄飄地、能量崩解離析地回到城市中，像是麻痺一樣感覺不到壓力，這就是解離。或許可以幫助他繼續活下去吧，然而，靈魂總有一天需要完整，他的來世勢必要回到那塊土地，把破碎分散的自己撿回來。輪迴就是如此，給靈魂再次完整的機會。

真正友善的存有，祂們會尊重你的身體，不會趁你虛弱的時刻侵門踏戶。會想要鑽到身體裡面的那些，都是平常身體有防禦時，進不來的掠食者與寄生者。

我觀察迷幻藥劑帶來的效果，像是讓腦神經進入瘋狂衝刺的狀態。腦神經在壓力下，或者在生活的緊繃中，會有一套僵化的思維與疲憊感。當迷幻藥物介入，使腦神經「解放」了，本來穩定流動的思緒變成瘋狗浪潮一般，一波波地突刺，互相攻擊，激盪出你無法想像的／失控／解除限制的體驗，迷離而不可思議。藥效終究會消失，腦細胞慢慢地回復正常，又回到了原本僵滯的線路。並沒辦法真正地解除人們大腦壓力的限制。

若當事者使用過迷幻藥劑，或者常常吸食，能量場會像是碎裂的玻璃散落，有種虛幻氣弱的氣質，往往也伴隨著靈界眾生的緊密依附，畢竟沒有防禦力，整體是渙散的，什麼都可以卡陰進來。這些年來，有好幾位服用相關藥物出事的人來找我，我也無能為力。如果停止服用，能量場是會修復的，至少需要兩三年。能量場恢復了還能夠保有基本運勢，但是再怎麼保養，都還是偏薄。

很多人想要大麻合法化，可是我在網路上看吸大麻的人們，一根大麻吸吐過程大概就丟掉「一整個月分的好運」，真的很不建議。死藤水、迷幻菇等的效果更糟，是大麻的六、七倍。

當薩滿在故鄉使用致幻性藥草，會有土地、群眾集體潛意識的穩固保護，在薩滿身上才會有正向的作用。然而一旦草藥離開當地，跨越河海、切斷漫長歷史與集體潛意識的關係，以上致幻性管制品就是單純的毒品。透過吸食、飲用，依賴這些物質來得到快樂，終究也是外求的力量呀。

疲累時的精神不好，就算魂飛了，
也還是完整的形狀，好好休息、睡覺都會修補好。

食用迷幻藥物（水），即使看似開心享受，
能量場實則破碎如鏡子，使眾生自由出入。

身體充滿智慧與答案

我們的腦神經可以透過後天行為改變思考回路，只是我們需要花時間重塑腦神經的結構。

運動能夠直接加強身體的循環，分泌多巴胺、血清素、腦內啡等使人快樂、平靜的激素，但不是一次運動就可以達成，身體的復健需要長期的培養，至少長達半年，每周運動兩到三次，而且是足以流汗、提高心律的運動。也許現代生活太便利，人們的活動力大幅下降，代謝降低，導致身體本來會分泌的激素失衡。保持穩定而且持續的運動習慣，可以喚醒身體既有的自癒力。

前段談及的死藤水——產生幻覺的N，N-二甲基色胺，其結構與血清素、褪黑激素相似。我們身體需要靠血清素、褪黑激素平衡，透過定時運動就可以補充我們需要的穩定性，不需要找類似結構的致幻性管制品來服用，大麻中的大麻素也是同樣的道理，只是替代我們身體本來就能分泌的安定物質。

地球會淘汰不需要的文明、不需要的技術，包含不適用的舊時代身心靈觀念。人一直在改變，科技持續在進化，所有的一切都在成長，沒有一個體制適合所有的人，而我們的身體會告訴我們，我們真正需要的是什麼。我們的身體只要能被善待，身體能變得非常強壯，身體愛我們，才會願意與我們合作，啟動驚人的復原力。之所以能夠聽聞奇蹟發生的案例，都是當事者願意善待自己的身體而做出改變。

然而大部分人在短時間內，很難改變和自己的關係，更像是被恐懼推著走，因為恐懼而驚慌失措。那麼至少靠醫療當作輔助，先減緩自己的不適和沒耐心，才能練習有耐心。照顧自己也需要心理層面的調適，身體的健康與心理的健康同樣重要。

我還是強調，物質界發生的困擾，請回到物質界解決，好好面對你的人生，包括你的恐懼與不安。找有國家執照的治療者，至少你真的發生什麼問題，是有管道可以申訴的，你擁有一定程度的保障。先穩住你的情緒，你才會清楚自己要的。

CHAPTER

9

生命擁有無限可能性

靈魂的本質，就是創造：創造每一天，創造你想要的生活，創造你想要的關係。成長是喜悅的，享受你的存在，持續擴展，認識自己的無限可能。

心的穩定度，決定靈界與你的互動

靈界像是寬闊的水面，水能載舟亦能覆舟。靈界能映照我們所不敢面對的陰影，呈現陰影中的細節。雖然靈通能協助我們認識自己的靈魂、內在創傷、壓力的來源，卻也不是每個人能接受這份考驗。靈界，是更深、更遠大的潛意識掌握的世界，而非頭腦與慾望能夠控制的領域。

有些人只想看靈界美麗繽紛的那面景致，然而現實中逃避的問題不會因此消失，今生的課題還是要面對。於是現實中的壓力會悄悄地來到靈界，加深內在的不安全感，使人感到更深的恐懼與焦慮。因此有些人就會在他的靈性感知中出現戰爭、敵人、對立、衝突、破碎與強烈的打擊，所感受到的靈界都是恐怖的混戰。

這些其實都是內在顯化出來的壓力，是在提醒人們應該回到日常生活上，關照我們失聯的身體和生命，回到該如何整合自我的議題上面。

這些年來，我與許多擁有靈通、敏感體質的網友與朋友互動，也與許多求助的網友討論發生在他們身上的現象，我因而觀察到人的心理面向，塑造出截然不同的靈界風景。

如果有十個人聲稱他們身上發生了無法控制的靈異現象，比例上只有兩個人（或者更少）是真的倒楣遇上眾生，只要能夠和眾生討論問題，通常都能順利和解。其他八位都是心理因素產生異樣的感受。

有些人太緊繃焦慮到無法分辨現實與想像，或者無法接受自己的問題所以需要推卸責任給靈界；絕大部分的狀況是過度牽掛／羨慕／嫉妒他人，導致靈魂跑出去身體空掉了，環境的壓力就滲入身體，能量場過度混濁。甚至有人無法接受自己的不完美，切割了痛苦的一部分，而分離的部分變得像是厲鬼，緊追著本人，渴望整合……也是有這樣的現象。生活中的各種事件，其實就是給我們一次又一次能夠面對自己的機會。

想改變的動機

若是太想改變，對現況越是憤怒自責，成為極度的痛苦時，請意識到，為什麼你要強迫自己？明明要幫助自己，無意識中又過度施壓了。「太想要」的時刻，更需要冷靜停下來，思考背後的動機。

像是，不習慣給自己寬容的對待與等待，因此挑剔自己也挑剔他人。或者「因為別人都在變好」，擔心被拋下，恐懼被遺棄。憂慮和他人不同，渴望成為群體的一分子。也有可能是，非常討厭現在的自己，是為了迴避這份憎惡而努力（不去面對），沒辦法忍耐自己的「不夠」。

無論如何，當你意識到成長的動機背後有著更大的不舒服，最好都停下來，進行觀察。我們多數的反應，都是靠後天環境學習養成的。你對自己說話的話，都是過去某個人對你說過的話。那個人是誰？是誰讓你產生迴避／強迫自己的壓力？

早期我有一陣子持續逼自己做療癒，當時我的靈界感知能力尚在探索，也是一邊懷疑、一邊什麼都嘗試看看。因為所有身心靈的課程與團體都強調著「變好」、「提升」跟「改進」，積極行動應該是「對的」方向，因此停下來讓我焦慮。我「非得做些什麼讓自己更好」，一周至少要花三、四天處理我的恐懼和焦慮。後來我實在心力交瘁，無論金錢開銷、精神上都無法負荷，療癒變成持續撥開發炎的傷口，實在太痛、太抗拒了。

好幾年之後，在有心理諮商背景的朋友引導下，我發現自己太習慣「必須討媽媽喜歡，我得努力，我要修正，免得媽媽不開心」。所以我的努力療癒，其實也是強迫自己要符合「媽媽的完美標準」而努力。

當我意識到，我是可以停下來休息，不必強迫自己做療癒時，我內心的大石頭終於放下，澈底放鬆了兩三個月不做任何療癒。只是跳脫原來的價值觀，難免會有罪惡感浮現：「我是不是懶惰、自私、不顧他人？」當我發現這句話也是媽媽斥責我的話，我就決定把媽媽對我說過的話都丟到旁邊。

「如果你一直覺得自己不夠好，得努力彌補，然而自責到快壓垮一切的時候，就是你太累需要休息了。」這是靈界的祂們善意的提點。現在的我，真切感受到休息的重要性。等我未來重新累積力量，腦袋清晰之後，我可以用舒適的速度來面對自我。

如今我已經抓到面對議題的速度，大約一個月內浮現我的童年創傷或前世壓力，面對與釋放之後，再休息一至兩個月，我就能安頓好心情，再次面對挑戰。

我不必刻意找議題，生活自然會安排某些事件，讓我知道自己有些「不對勁」。例如莫名焦慮，莫名恐慌，突然很想要做出不理性的行為……大部分的議題都是重複發生，一來再來。

但是可以清楚感覺到，當我能夠面對這一切後，一次一次撲上來的浪潮，慢慢都能得心應手地應付。起初需要一周的時間調適，後來成為三天，如今僅需要一小時。我的反應從激烈到淡定，知道「又來了」，沒關係，我已經習慣與創傷共存，也能心疼我的創傷。

當我能愛自己，我不再說「怎麼又來了」，因為愛與耐心、寬容共存。當我越能判斷我的「舒服」和「不舒服」，我就可以調整給自己的壓力，在踩剎車和踩油門之間取得平衡。也唯有我建立起安全感，能輕鬆喜悅，我自然能排除環境帶給我的焦慮與痛苦。

只是在早期，當我們初接觸療癒自我的過程，還無法控制認識自己的力量，像是太怕痛，或者無視痛，因此需要旁觀的人給予建議，譬如專業的助人者如社會福利機構、諮商心理師，或心態穩定的朋友們，來協助我們調適前進和停下來的速度。

因此成長不只是個人的事，需要環境的扶持與重建的毅力。我們都需要耐著性子，摸索適合自己的療癒方法、前進速度，也認識自己的後退速度……觀察自己在何種狀態下最容易退縮？聽到某個詞就會爆炸？哪種類型的人讓你最不舒服？如果不知道自己要什麼，至少先認識你不喜歡的，當你越能理解自己的後退速度，像是暴怒、自殘、悲憤與哭泣、焦慮等等。漸漸地就能以旁觀的角度思考：過去是誰帶給我類似的經驗？

很多時候，我們是在無意識的狀態下，拿別人對待我們的方式，重複地擊打在自己身上。當我們「有意識」地區隔別人和自己的感受後——就能從陷溺的慣性裡找出界線的力量，意識到「想改變的才是真實的我」、「打擊我的是過去的環境壓力」。然後把焦點放在「真實的我想要改變——我可以專注於『當下我的感受』」重新建立穩固的自我認知。

假設現在的你可以穿越時空，看到過去的、青春期、童年的自己卡在黑暗的情緒中，你是否願意抱抱過去的自己，安慰這位孩子說：「沒關係，我知道你盡力了。我看見你了，我真的懂你的辛苦。」能夠理解，所有當時我們做的決定，也是當時年幼的我們，唯一能做出的最好決定。你可以成為你心中的光，把這盞「我能看到」的燈火，傳遞給黑暗中的自己。

「無我」與「自私」？

通常第一世來當人類的靈魂們，覺得地球環境真是太辛苦了，怎麼幫都幫不夠，只好號召大家，讓自己成為有影響力的僧侶，讓信徒、群臣和他們一起發大願，以解救人們脫離苦難為目的。

這些人與靈魂的善意是好的，可惜實際上的人性是複雜的。很多人拿到足夠的資源，又回頭繼續排隊領物資。甚至拿出大袋子，橫掃搜刮善心人的捐贈物資。不是每個人都能節制，並意識到自己的貪婪和慾望。其實更多需要被幫助的人們是自卑的，不敢發出求救，也不敢爭取，不敢給別人添麻煩。這類型的人，很容易被貪婪者搶走所有好處，被排擠到社會的邊緣底。

所以助人者，才需要讓自己經過歷練，磨出智慧，要能辨識出需要幫和不需要幫的人。同時又能關注自己內在的狀態——不會過度給予，也不會吝於給予。這需要很長的時間，甚至好幾輩子才能了悟。

發願、出自大愛的靈魂和人們，在好幾輩子的用力提供服務之後，祂們會發現，這世界的苦難幾乎無法結束。總是有幼稚和貪婪的眾生相互搶奪有限的資源。而大量給予、持續分散能量資源產生的勞累，也會讓靈魂累積累世創傷。

直到這些靈魂給得太多、累壞了，靈魂們才會意識到，需要把自己照顧好，得停下來調養並整合自我。到了這時候，這些善意的靈魂們才發現，愛自己其實是很深的難題。因為長期以來，其他眾生都比自己更重要，祂們長期看不到自己的需求，也不懂該如何建立健康的界線。

當祂們意識到要留一份愛給自己，需要療傷，能量開始往內流動，宇宙便會提供協助，讓祂們與正在進行的人生，能夠整合內在的創傷，釋放累世遺憾，看到內在的力量。也只有當我們回到內在，宇宙才會有智慧地天助自助者。

路的開始與結束

因此，從發大願、要無我、要愛世界，要竭盡所能的奉獻一切服務眾生，到回歸愛自己，整合破碎的自我，建立健康的界線，就像是一條路的起始和結束，只是一段過程。無論給予或者保留，都在同一條路上。起點和終點，看到的風景本來就不一樣。沒有誰對誰錯，世界從來不存在對錯之分。如果能寬容地讓眼界拉遠，就能容納世間的變化。

如果你站在路的起始，發願愛世界、認為無私奉獻才是你的使命，沒問題，這世界確實需要協助。如果你是老靈魂，來到路的最終，只想照顧自己的需求，也沒關係。累了，覺得力不從心，本來就該休息。你辛苦了，你值得被關愛。

生命像是接力賽，所有的存有輪流扮演行動和休息的角色，世界的能量因此生生不息。

避免靈界干擾，界線的力量

這些年我一直在研究，人們究竟該如何從靈界保護自己？攻擊性強烈的眾生終究是少數，可是偶爾遇到被糾纏上，也實在太困擾了。有很多人看得到，卻無法保護自己，像我小時候就如此。

我陸續上了不少身心靈課程，觀看別人施作，也自己操作。我發現都沒有課程談到「保護力」。甚至還得透過「邀請」某高靈、某菩薩等來協助，這實在令人困惑，如果邀請錯了怎麼辦？看不到靈界的人能夠判別嗎？我其實聽過很多人臨時呼救祂們都沒有回應。以及，我們真的如此脆弱，沒辦法自立自助？

直到Mulo提醒我，我們的身體有強大的自癒能量。我們的靈魂住在心輪，也就是受驚嚇時你直覺地拍拍胸口——這個位置也是胸腺的位置。

心輪存在跨維度的空間內，不會因為手術損傷。如果你的生命中經歷強大的打擊，像是失去摯愛，會感覺到「心碎」，那就是靈魂太悲傷太痛苦了，也確實碎裂一部分了。

⊕ **拍拍心輪，把注意力放在心輪上，安撫你的受傷，疼惜自己，就是在把你的碎片收回來。**

只要「專注」在自己身上，就已經啟動自我療癒。切記是「輕拍」，像是輕拍熟睡的嬰兒，充滿呵護與溫柔。有些人太心急，變成「重擊」心輪，不是用力就有效，太用力會嚇死身體，要很輕很柔。

⊕ **雙手掌交疊在胸口，是把心輪的能量收起來，這是天然的防禦和保存能量的方式。**

我們的心輪會前後左右散發能量，心輪的能量會沿著手臂來到掌心，我們的手掌心就是中型脈輪。如果受到靈界干擾，感覺渙散、不舒服，充滿壓力，可以把雙手覆蓋在心輪，先保存你的能量，可以立刻鎮定情緒。這個手勢，就是做出個人能量場的結界。

我經常在睡前把雙手交疊於胸口，回想一天下來的喜怒哀樂。由於心輪串聯靈魂、潛意識、內在小孩、靈魂碎片、情緒，還有宇宙與地球……常常把注意力放在心口，感受自己的一切，就是在進行跨維度的整合與抒壓。

不過有些人把雙手放心輪，精神變得超好，反而睡不著覺了，變成大充電。如果會這樣的話，把一隻手放心輪上就可以了，另一隻手放在你的肚臍，可以讓過多的能量往下移動。

⊕為你的放鬆空間做結界

如果希望為環境設下結界，我會建議在臥室的角落各站上一分鐘，有櫥櫃和桌子沒關係，在角落專心地深呼吸、吐氣，讓心靜下來，放鬆時你的能量場就會擴張，每個角落站一輪，臥室內的結界就完成了。我們的陽氣就是最好的結界。

剛開始別貪心地連客廳和全家都做結界，人會氣虛。先把臥室的結界做好，你待在臥室內會更安心放鬆，一周做一次即可，能量場會越來越厚。其實全家人照顧各自的房間即可，客廳就和家人一起施作，祝福房子和土地，域靈也會喜歡你們而加強保護的。

⊕穩定的作息

感受身體知覺，例如透過自我按摩、抓捏、輕敲穴道，都可以增加我們對身體的親密度。尤其作息穩定，讓身體跟隨地球氣脈的升降，能夠調回應有的代謝能力。

晚睡會導致能量場被氣脈壓縮，長期晚睡會使能量場、防禦破損。建議太陽下山後六個小時就該入睡了。可以在睡前做點伸展，讓肩頸、後背放鬆，以及練習緩慢地深呼吸。

大部分的失眠都是頭腦塞滿資訊，累到睡不著。可以用熱水泡腳十分鐘，不需要很燙，會出汗就可以了，能幫助氣血往下走，讓大腦神經放鬆，幫助睡眠。也可以用乳液按摩雙腳和腳底，我們的腳和海底輪有關，能夠代謝沉重的壓力，腳疏通了，壓力也能減輕。真的睡不著，必要時服用安眠藥也行。睡眠是修補能量場最棒的時刻。

感受自己

獨處時，我會和自己對話。我觀察到自己和很多人，都是透過「說」來整理思緒。「唱」也是釋放的方式。如果頭腦很煩躁，我會用「寫」的方式把腦袋中的思維清空。真的很煩很煩，像是壓力沿著心輪往上充滿大腦，我會跳繩，或者去散步，重點是讓骨盆以下活動，帶動海底輪的循環，煩的感覺就會減輕。

搭配深呼吸也很好，注意力放在深吐氣，嘴巴慢慢吐到底，鼻子深吸氣。專注於呼吸，可以協調你的交感神經和副交感神經的運作，能夠降低焦慮。

嘴巴吐氣可以排放更多心輪的浮躁壓力，鼻子深吸氣可以醒腦。如果會鼻塞，用中指按壓鼻樑眼鏡鼻墊的位置，我們的指紋也是小型脈輪產生的氣旋，中指連接最大量的心輪力量，可以加強疏通壓力。通常我見到鼻塞嚴重的人，都是內心累積不少的委屈，或者習慣忽視自己的感覺，至少我們可以按壓鼻樑的同時，也釋放身心卡住的壓力。

⊕許願的方式

如果你真的很渴望得到被認證的宇宙公務人員幫助，許願、發願時請記得：

①傳達的是正向意念：例如，希望疾病好轉，希望考試當天表現更好，焦點是「輔助我正在進行的工作更集中、心態更清明」。如果要求考上指定的大學或要求得到指定的東西像是名牌，那更像是慾望，是沉重沾黏的執著。既然有求於靈界，求的自然是種精神層次的推力，而非物質的定案。

②我們無法求生死之間的問題，這都是靈魂層次決定的結果。我們亦無法改變他人的決定，更無法強迫他人心態「變好」。我們只能求讓自己和他人能夠獲得支持，可以在難關前調適好心態。

③願望的顯化還是與我們的身體息息相關。運勢會從腳底往上延伸，經過骨盆、腹部，來到心輪才會顯化。當你願意照顧好自己的身體，有承擔相對的責任，就是在展現誠意，宇宙便能給予你更大的支持。天助自助者。

⊕ 祝福的方式

當我們看到天災人禍，例如大地震、無法避免的自然生態浩劫，請記得「不要送光」。我所看到的「送光」，就是把你的能量：壽命、運勢送出去。有些人太善良了，一送就是奮不顧身，把好幾年的運勢都撒出去，搞得自己身體衰弱又氣弱，每次都大額捐款，還引來精怪的覬覦。

送祝福，請單純送一個善意。懷抱的心態是如此：「我很遺憾你／世界發生了這件事，即使我不知道背後運作的模式，也許有課題需要學習，但是我相信你／世界，在未來某個時刻，能夠獲得復原。相信你，以及祝福你能學得應學的部分。」不需要把所有資源和看不到的都送出去，也要尊重別人和世界的發展，如果無法理解也不需要理解，世間會有許多超出人類想像的秩序與規則運作。先讓自己鎮定下來，心穩了，送出的祝福也能幫對方／世界更穩定。

我們的意念在傳遞的過程，靈界也會有意念物流中心，有快遞般的精靈接受與送達。

祂們曾經跟我埋怨：「有一大堆人類喜歡到處送祝福、送光……但是想法太多太複雜了！一下祈禱這個、祈禱那個，注意力分散，就像是送出一個娃娃，頭、脖子、身體送出去了，結果自己忘了講到哪裡，又重新寄頭、脖子、身體、手——還沒想到腳，又重新再來。結果整個祝福包裹十幾顆頭，十幾個身體，還是缺手缺腳，一點都不完整。人類真的很缺乏注意力。」

因此我們的祝福越簡單越好，例如聽到救護車開過去，心裡給個祝福：「希望當事者與相關人們，能在這個生命課題中學到他們需要學習的。」不需要把自己的能量捲進去，就是單純地相信與祝福，這也是相信宇宙的大力量，擁有健康界線的能力。

面對海外與國內的災害與遺憾事件，如果是土地與一大群人的受傷，例如國與國的戰爭，就把祝福送給土地，像是以下：「我尊重世間的安排，也希望相關的人、土地與生命們，都能學習到你們需要學習的。祝福烏克蘭與俄羅斯。」能量層次的祈禱，這樣就可以了。祝福的投遞有清楚的人和地點，能量就不會被攔截和消散。

但是如果，你想送祝福給往生者——請找一個仲介！因為人是人，靈界是靈界，這是不同的平臺。可以請信賴的神明（精靈）送祝福給往生者，像是：「請地藏王菩薩／烏列爾天使幫助這位無形眾生。」人類只是轉介。千萬記得，層次之間要分開。不然往生者可能直接貼上來，因為覺得你很溫暖，很喜歡你而不想走，就變成麻煩了。善良也是需要保護的觀念。

對於飽受災難的人與國度，你可以做捐款、實際上的物資捐贈，有錢出錢，有力出力。如果以上都做不到，專心照顧自己也是在幫助世界。每一次呼吸，注意力專心地回到自己體內，也是在帶來靈魂的資源，當你的能量場穩定，也會在集體潛意識的層面發揮錨定的作用。

能量，需要時間累積。若你期待用意念拗折湯匙，不如直接用手拗折湯匙。在地球上，人與人之間，更重視的是起而行的力量。

回到當下生活

通靈能力對我而言，像是一份微觀和巨觀的能力。能見到世界的多樣化，有形無形生命的豐富，能量平衡地流動，令我感動不已。我很希望能把我感知到的世界，我所看見的廣度，分享給人們知道。

靈界，是超越生物競爭性的更廣闊境界。在那兒無分對錯，你能盡情嘗試，卻也得負起絕對的責任，靈魂無限，永遠都能再次體驗，這是萬有流動而生生不息的平衡。我們的心，對生命的真誠，是與靈界眾生和睦共處的關鍵。

然而無論精神層次發生什麼事，靈界有何精彩刺激的發展，我們終究得回到當下的生活，能夠面對自己和生命中的一切，總是要累積個人的力量，才能累積改變生活的實力。

或許我們今生不甚完美，卻也因此，一幅圖畫有光有暗，於是畫面足夠精彩，我們能夠在人生畫布上成為獨一無二的自己。如果人生一片順遂，就只是一面白紙，完美，卻什麼都沒有。

我們活著，我們持續創造自己，於是生命有著無限可能性。

靈界運作

全面理解靈界生態，同步保護並健全自己的能量，讓身心再進化

作　　者｜小湛（Azure Mulo）
總 編 輯｜盧春旭
執行編輯｜黃婉華
行銷企劃｜鍾湘晴
美術設計｜王瓊瑤

發 行 人｜王榮文
出版發行｜遠流出版事業股份有限公司
地　　址｜臺北市中山北路 1 段 11 號 13 樓
客服電話｜02-2571-0297
傳　　真｜02-2571-0197
郵　　撥｜0189456-1
著作權顧問｜蕭雄淋律師
ISBN ｜ 978-957-32-9946-2

2023 年 2 月 1 日初版一刷
2024 年 6 月 11 日初版九刷
定　　價｜新臺幣 370 元
（如有缺頁或破損，請寄回更換）

國家圖書館出版品預行編目 (CIP) 資料

靈界運作：全面理解靈界生態，同步保護並健全自己的能量，讓身心再進化 / 小湛著. -- 初版. -- 臺北市：遠流出版事業股份有限公司, 2023.02

面；　公分

ISBN 978-957-32-9946-2(平裝)

1.CST: 通靈術 2.CST: 靈修

296.1　　111021661

YLib 遠流博識網

http://www.ylib.com
Email: ylib@ylib.com